いちばん手軽で怖くない「ゆとり投資」入門

普通の人のための投資

桶井道

東洋経済新報社

第0章 はじめに

お金の話にうんざりするのは「普通」のこと

「お金の話には、もう、うんざり」

本書を手に取ってくださったあなたは、きっとそう思っておられることでしょう。

その気持ちは、間違いなく正しい。投資の本を書いている私ですが、心からそう思います。

お金は、しょせんは**手段**にすぎません。人生を前向きに、やりたいことをやって、自分を、そして周囲の人を幸せにする道具です。

それなのに、世間ではまるで**「お金こそすべて」**と言わんばかり。

資産形成をうながす情報は、新聞・雑誌・テレビ・ネットなど、あらゆるところにあふれています。


「公的年金だけでは足りない、老後資金は自分でなんとかしなければ」

「こういう投資で、1億円儲けた」

「いま投資をしていないヤツは『情弱』だ」


こんな話を聞いて、うんざりしないほうがおかしい、とすら思います。


でも、それだけではありませんよね。

どんな情報でも、**まったくのでたらめだったり、自分には関係ないと思っているのであれば、「うんざり」という感情は浮かんできません。**自分とまったく関係のない情報に、心が動揺することはありません。

あなたは、きっとどこかで**「資産形成を始めないとマズいのでは……」**と焦っている。

世間の風潮は気に入らないけれど、たしかに資産形成をしている人たちのほうが、将来の苦労はしないんだろうなとわかっている。

だからこそ、あなたは「うんざり」しているのだと思います。

では、こんな状況はどうすれば打開できるのでしょうか。

それは、まず**あなたの「うんざり」の正体を見極め、「うんざりしない」資産形成をスタートする**しかありません。

そのお手伝いをしたくて、本書を執筆することにしました。

「現在」「未来」「未知」の3つが、あなたの心を押さえつけている

多くの人がお金の話にうんざりしているのは、**「現在」「未来」「未知」の3つが心を押さえつけている**からだと、私は考えています。

1つずつ見ていきましょう。

(1)現在で手一杯

現代のビジネスパーソンは、**非常に多忙**です。毎日の仕事はもちろん、メディアを見れ

ば「自己投資しろ」「スキルを磨け」……そんな声が渦巻いています。ただでさえ仕事が忙しいのに、オフの時間まで勉強をされている方も多いと思います。

もしも家庭を持って育児中だったりしたら、その多忙さは目が回るものでしょう。

そんななか、さらに資産形成の勉強をするなんて、考えただけでうんざりする……その気持ちは、痛いほどわかります（私もサラリーマン時代は多忙でしたし、退職後は親の介護で多忙な日々を送っています）。正直、証券会社の口座を開設するだけでも面倒くさいと思います。

なかには、そもそも日々の生活がキツキツで、**投資に回すお金なんてない**……という人もいるかもしれません。特に20代の単身世帯では、約4割の家計が「貯蓄ゼロ」だといいます。

そんな状況なのに「投資しろ」なんて言われても、**「できるならやってるよ！」**と悪態の1つもつきたくなろうというものです。

(2)不確実な未来

さて、そんな生活のなかでもなんとか時間とお金をひねり出して、投資を始められたとしましょう。

それで確実にお金が増えるのならいいのですが、そんなはずがないのは、みなさんもご存じのとおり。**投資は、儲からないどころか、損をすることもありえます**。

ＳＮＳなどでは、「1億円儲けた！」などと景気のいい話が飛び交っています。

でも、損をした人はわざわざＳＮＳで「1億円損した！」などと自慢するはずもありません。

投資をして、損をするのはイヤだ。そんな可能性があることをむやみに勧められても、信用できない。

そんな気持ちになるのは、きわめて普通のことです。

さらに言うと、**自分の人生にいったい何円必要なのか、老後にいくら貯蓄があればいいのかなんて、わかりませんよ**ね。老後どころか、40～50代のこともわかりません。

この時代、「10年後も20年後も、絶対にいまの会社で働いている」なんて断言できる人は、もういらっしゃらないのではないでしょうか。もっとよい条件で転職できるかもしれませんし、考えたくはありませんが会社が潰れてしまうこともありえます。

人は、はっきりとした目標がないと、頑張ることは難しいものです。

「お金を増やしましょう」

「でも、いくらを目標にしていいかなんてわかりません」

この状況で頑張るなんて、普通の人にはなかなかできるものではありません。**ゴールが決まっていないマラソンを走る**ようなことなど、誰にもできないのです。

(3)未知への過大評価

本書を手に取ってくださった方のほとんどは、これまでほぼ投資をしたことがない方だと思います。もしくは、投資歴が浅く、まだ迷いのある方でしょう。

そんな方が投資を始める（見直す）場合、**「何をしたらいいか」がわからず、やるべきことを過大に見積もってしまう**ことがあります。

何はともあれ情報収集……と思ってネットで検索しても、いろんな人が多種多様な投資法を勧めている。

書店に足を運んでも、大きな棚の上から下まで、さまざまな投資法を扱った本がぎっしり詰まっている。

それを見て、「こんなに勉強しなきゃならないのか……」と心が折れるのは、ぜんぜん恥ずかしいことではありません。

なんであれ、**初めてのことは「それがどれだけたいへんなのか」わからず、たいへんさを過大評価してしまう**ものです。

情報の渦を前に立ちすくみ、目を背けたくなる……それはきわめて、普通の反応なのです。

「現在」「未来」「未知」に押し潰されない投資法

そんな、ごく「普通の」みなさんにご提案するのは、次のような投資です（後に自己紹介しますが、私もごく「普通」、いえむしろ人より秀でたところなどない、鈍くさい部類です）。

- 忙しくてもできる
- 余裕資金がなくてもできる
- 損をする可能性を極力排除

・将来設計なんか考えなくていい
・勉強することはちょっとだけ（本書だけ）

（忙しくてもできる）

本書で紹介する投資術は、ほとんど時間を使いません。もちろん口座開設などの手間は多少ありますが（口座開設はネットで簡単にできます）、それさえすめば、あとは毎月のルーティンをPCやスマートフォンから1度だけ設定すればOK。**投資のために費やす時間は、月にゼロ～数分くらい**のものです。

（余裕資金がなくてもできる）

また、大きな余裕資金がなくても、日々の生活をほんのちょっと見直すだけで、種銭（投資に充てるお金）をつくる方法も紹介します。**好きなことを我慢して節約する必要はありません。**いまを我慢せず、楽しみながらも、将来にも備える「二刀流」です。

（損をする可能性を極力排除）

ここだけは、正直に申し上げます。世の中に「絶対に損をしない投資」はありえませ

本書の投資法の５大特長

1 忙しくてもできる
2 余裕資金がなくてもできる
3 損をする可能性を極力排除
4 将来設計なんか考えなくていい
5 勉強することはちょっとだけ（本書だけ）

ん。だから本書の方法も、損をする可能性はたしかにあります。

でも、**損の確率を極力排除する**ことはできます。

この方法は、「1億円儲けた」というような「大勝ち」を狙ったものではありません。だからこそ、損をするリスクが低いと言えます。

「すぐに1億円儲ける」みたいなギャンブルは、危険を冒すのが大好きなギャンブラー気質な人に任せておきましょう。

普通の私たちには、**普通の人に合った堅実で着実な投資**が向いているのです。

本書では、これを**「ゆとり投資」**と呼びます。

将来設計なんか考えなくていい

人生をゴールベースで考えることは、とても大切です。これは過去にも本やメディアなどで、何度も言及してきました。

でも、いったん、自分の将来にいくら必要なのかなんて計算は忘れてください。

人は、余裕のない状況で考えても、明るい将来を描くことはできません。

将来設計は棚上げしていいので、まずは投資を始めてみてください。何年か経てば、お金と心の余裕ができてきます。さらには、投資を続けていると、お金についての知識がどんどん貯まっていきます。

長いスパンの将来設計は、そうなってから考えても遅くはありません。

勉強することはちょっとだけ（本書だけ）

本書では、**一部で積極的な投資スタイルを取りながらも、全体では安定的に運用する方法**として**「コア・サテライト戦略」**のやり方をご紹介しています。

コアは**「守りの資産（投資）」**で、長期では安定的なリターンが期待できる商品を対象とします。

サテライトは**「攻めの資産（投資）」**で、コアよりリスクを取ることで高いリターンを求める商品を対象とします。コアで平均点を取り、サテライトで＋αを狙います。そして、全体では平均点の上を目指します。

このうち、**「コア投資」については、本書を読むだけですぐに始めることができます。**読むべきなのは、本書の第4章まで。これなら、忙しい方でもなんとか時間を捻出していただけるのではないかと思います。

「サテライト投資」については、本書以外の勉強も多少必要になりますが、それは**投資に慣れてからでも、ぜんぜん遅くありません。**

いまは「こんなのがあるのか〜」と読み飛ばしていただくだけで十分ですし、なんなら「ここから先はあとで読もう」でも、まったく問題ありません。

先ほど、「お金の話にうんざりするのは、心のどこかで『自分も資産運用しなければならないのでは』と焦りを感じているから」というお話をさせていただきました。

ほんのわずかな金額からでけっこうです。

時間もほとんどかかりません。

まずは本書の「コア投資」から、始めてみてください。

あなたの「うんざり」や焦りは、あなた自身がびっくりされるほど、跡形もなく解けて

いくはずです。

いいえ、その前に、「うんざり」や焦りの大半は、本書を読み終わるころには、前向きな気持ちに変わっていると思います。

私も「普通の人」です

さて、遅くなりましたが、ここで簡単に自己紹介をさせてください。

私は、敏腕投資家ではありません。普通の投資家（むしろ鈍くさい）です。そして、普通のサラリーマンでした。つまり人より秀でた才能も知識も体力もなく、特に目立ったとりえもない「普通の人」でありながら（みなさんのほうがきっと優秀です！）、投資に成功したのです。

私は、サラリーマン生活25年間で**資産1億円に到達し、2020年に47歳で退職**して自由になりました。その後、約4年経過したいま、資産は**1・8億円**になりました。退職後は、親の介護をしつつ、物書きとしての第二の人生を満喫しています。

私が「物書きという打席」に立てるのは、投資をしてきたからです。会社で苦しい思いもしました。そこから抜け出せたのは、投資の魔法のような力のおかげです。逆に言えば、投資抜きでは、この「打席」には立てなかったということです。

本書が、「うんざりしない」資産形成をスタートするきっかけになれますと幸いです。あなたが、自らの「打席」に立つ人生へとシフトされることを願っております。

「はじめに」なのに、アツく語りすぎて長くなってしまいましたので、「はじめに」兼「第0章」とさせていただきます。

あなたが「うんざり」している理由を理解され、楽になっていただくことが、投資への第一歩だと思い、本編に入る前にしっかりと解説させていただきました。

そろそろ本編に入ります。読み進められるうちに、投資に前向きな気持ちがきっと芽生えることでしょう。

２０２４年11月吉日

桶井　道（おけいどん）

● 投資は自己責任です。本書は、投資信託、ＥＴＦ、個別株等の紹介、また投資法その他資産運用に役立つ情報を掲載していますが、投資判断を含むあらゆる意思決定、最終判断は、ご自身の責任において行われますようお願い致します。ご自身の資産運用（投資）で損害が発生した場合、弊社、著者、その他関係者は一切責任を負いません。

● 特に、本書に掲載する個別株に投資を検討される際には、ご自身でも銘柄分析を行ってください。すべての銘柄は推奨ではなく紹介です。

● 本書は、執筆時の法制度、市況、社会情勢、サービス内容等に基づいて記述しています。これらが変更されたり変化が生じたりする場合がございますのでご注意ください。

目次

第4章 コアを固めて負けないポートフォリオをつくる

序章

今日から投資家になるあなたへ

正しく仕組み化さえすれば投資は誰にでもできる

あらためまして、世の中に無数に存在する「投資本」のなかから本書を手に取ってくださったみなさん、ありがとうございます。

私は26年にわたり投資を続けて、資産形成を実現した51歳の普通の人です。すでにお伝えしたとおり、人より秀でた何かを持っているわけではありませんし、目立ったとりえもありません。サラリーマン生活は25年間、当時の年収はピーク時で460万円ほどでした。その後**47歳で資産1億円と年間の配当収入（手取り）120万円に到達**し、退職して自由になりました。

あれから約4年で、**資産は1・8倍となる1億8000万円**まで増え、**配当収入は2倍の240万円**（2024年見込み）です。

私が投資に成功した話をすると、必ずと言っていいほど言われる言葉があります。

「投資のために相当なリソースを使ったのでしょう?」

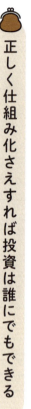

「投資の才能があったのだろう」

なかには「何か一発、当てたんでしょう」。

SNSやブログで投資について発信を始め、7万9000人を超える方にフォローしていただいている、いまでも言われる言葉です。プライベートで言われることもあります。

しかし、それは誤解です。26年にわたる投資家人生を振り返ると、**「正しい知識さえあれば、投資は誰にでもできる」**と断言できます。

私の年代の投資家にとっては、投資は簡単なものではありませんでした。

個別株を研究したうえで買うのが主流でしたので、時間もお金もかかりました。損するリスクも大いにありました。

ところが、**いまは違います。**

ネット証券を使っていったん投資を仕組み化してしまえば、あとはほったらかしで大丈夫です。あなたはリソースを使う必要がありません。

正しい知識があれば、誰であっても資産を増やすことができます。私が解説したとおりに投資を実践すれば、もはや知識不要で資産を増やすことだってできるはずです。
「定年までにＦＩＲＥ」とはいかずとも、**将来のお金の不安をゼロにする**チャンスは、誰にだって十分にあります。

「普通の人」こそ「投資家」になれる時代

今日において「投資家」とは、巨万の富を運用して利益を得る、限られた人たちを指す言葉ではなくなりました。実りある将来のために、持ち得る資産（お金・時間・思考）を賢く使う、もしくは使いたいと本気で考えている人々——つまり、**あなたのような人を指す言葉**です。

本書を書くにあたり、強く意識したことがあります。

耳触りのよい言葉だらけの本にはしない。
夢見がちな投資家生活については書かない。
それでいて、誰もが実践可能な投資法をやさしく解説する。

この3つです。

だから、本書のタイトルは『普通の人のための投資』としました。1日5分の軽作業で数年にして1億円を超える資産は築けないし、ページをめくるごとにモチベーションが湧き上がってくるわけではないけれど、**少なくとも将来に過度な不安を抱く必要がなくなる**書籍をつくりました。

年齢は投資最大の武器

本書を手に取っていただきたいのは、特に32歳以下の方です。私の経験からすると、**32歳以下の方であれば、特殊な能力も、特別な知識も、夜を徹するような猛勉強も必要なく、資産5000万円を実現するポテンシャル**が大いにあります。

投資は「早く始めれば、早く始めるほど得をする」ものです。リスクを最小限に抑え、それでいてまとまった資産を構築するには、必ず年齢の壁が立ちはだかります。

とはいえもちろん、**本書で紹介する投資法は、33歳以上の方にも役立つもの**です。年齢が上になればなるほど必要な投資金額は増えていきますが、その分、可処分所得も増えているはずです。

何歳から始めても、「遅すぎる」ことはありません。あなたの人生で、いまがいちばん若いのですから。

私が推奨する投資法は、誰がやっても同じような一定の成果が期待できる（「再現性が高い」といいます）アプローチです。もちろん、不必要なリスクを取る必要はありません。

投資の経験がなかったり、本格的な投資をしたことがない人からすると、「5000万円の資産をつくる」なんて、たいへんなことだと感じてしまうかもしれません。しかし、私が推奨する投資法は、はっきり言って意識低めの投資術です。

不必要なリスクを冒さない「怖くない投資」で無理なく5000万円、もしくはそのほんの少し上をいく「＋αの投資」を組み合わせて、5000万円＋αの資産構築を目指します。

本書は、「一発当てて1億円を儲けよう」「今すぐお金に困らない生活をしよう」と考えている方の期待に応えられる本ではありません。

しかし、**「少し時間がかかっても、ムリのない範囲で投資を続け、将来お金に困らない生活がしたい」**という方には、うってつけの本だと思います。

なぜなら、私はリスクを取って個別株を多く持つ投資をしながらも、本書で解説する怖くない投資も併用し、長期にわたって投資生活を続けてきたからです。

両方を経験した私だからこそ、言い切れるのです。

年収400万円でも「不安ゼロ」の理由

ニュースを見ていると、「給料が上がらない」「退職金も昔ほど期待できない」「年金も増えない」「低金利が続き定期預金ではお金が増えない」など、将来が不安になるような報道が絶えません。

一方で、物価は上昇し続けており、さらには社会保険料の負担が増えるなど、見通しが悪い将来に追い打ちをかけるような動きも出ています。

増税議論も多く聞こえてきて、国に頼ったところで生活は保証されないという認識が国民にも浸透し始めています。会社で多かれ少なかれイヤな思いをして、頑張って定年まで勤め上げても、**老後は悠々自適に暮らせるわけでもなさそう**なことは、多くの方が心のどこかで気がついているはずです。ミドル世代を優雅にすごす期待もしていないでしょう。

エビデンスを参照してみても、私たちの生活が不安定になっているのは明白です。日本の会社員の平均年収は、１９９７年の「４６７万円」をピークにほぼ横ばいです。世界は経済成長を続けているにもかかわらず、２０２２年の平均年収は「４５８万円」であり、むしろ下がっています。

一方、家庭で消費するモノやサービスの値動きを見る「消費者物価指数」は上昇を続けています。平均年収は変わらない、あるいは下がっているのに、物価はひたすら高くなっているのです。

経済動向を日々チェックしていない人でも、生活者として景気の悪さを感じる機会は少なくないと思います。そりゃそうです、**年収が上がっていないのに、物価は上がっているのですから。**

スーパーに買い物に出かけると、野菜や果物の値段が高くなっていたり、年収の横ばい・減少が始まった1997年と比較すると、ディズニーランドの入園チケットは倍以上の値段になっていたりと、「生活が苦しくなって当然だ！」と言える値上げが続いています。

かくいう私の物書きとしての収入（年収）も、現在400万円（税込み）ほどです。こうして投資関連の書籍を執筆したり、ビジネスメディアへ寄稿したり、取材を受けたり……etc、多方面から細々とした収入をいただいて生活しています。

日本人の平均年収には届いておらず、この数字だけを見れば、将来に不安を感じていると思われるかもしれません。

しかし私は、将来に対する不安はありません。これから馬車馬のように働いて、年収を高めようとも思いません。

なぜなら、**サラリーマン時代から投資によってコツコツ積み上げた1億円を超える資産が、これからも勝手に働いてくれる**からです。

先ほどの年収とは別に、それらが生み出す配当収入が年間240万円（2024年見込み・手取り額）ほどあります。この先も、これら資産が勝手に働いてくれて、資産額も配当も増えていくでしょう。

1日1000〜1500円で資産5000万円をつくる

私が実践してきた投資は、「誰かに損をさせて、自分だけが儲ける」というものではありません。つまり、私の知識や経験をシェアしたところで、私や私以外の誰かが損をすることはありません。**富の奪い合いはしない**のです。

そうであるからこそ、私の人生に自由をもたらしてくれた「投資」という魔法を、みなさんにもお届けしたいと思っています。

投資といってもスタイルはさまざまです。大金を一点集中して、大きなリターンを狙う人もいれば、リスクの少ない商品にコツコツ分散投資して、長い目で見たリターンを狙う人もいます。

私がシェアしたいのは、後者です。

投資の知識や豊富な投資資金がなくても、コツコツ続けることで将来のお金の不安をゼロにする投資術です。

「資産がないのに投資をしてどうするんだ」「投資をする前に、投資に必要な余剰資金を稼ぐのが先だろう」という意見があることも理解していますが、私はそうは思いません。

投資は、貯金がなくても始められます。

年間60万円（その内訳として、毎月の給料から3万円、夏冬賞与から11万円ずつ、年末調整の還付金で2万円と考えれば、月々は少し楽に感じると思います）を正しい知識を持って投資し続ければ、**「資産5000万円」**は現実的です。1日あたりの支出は、たった1500円程度です。先ほどの内訳でいえば、毎月の給料から1日あたり1000円工面すればいいのです。

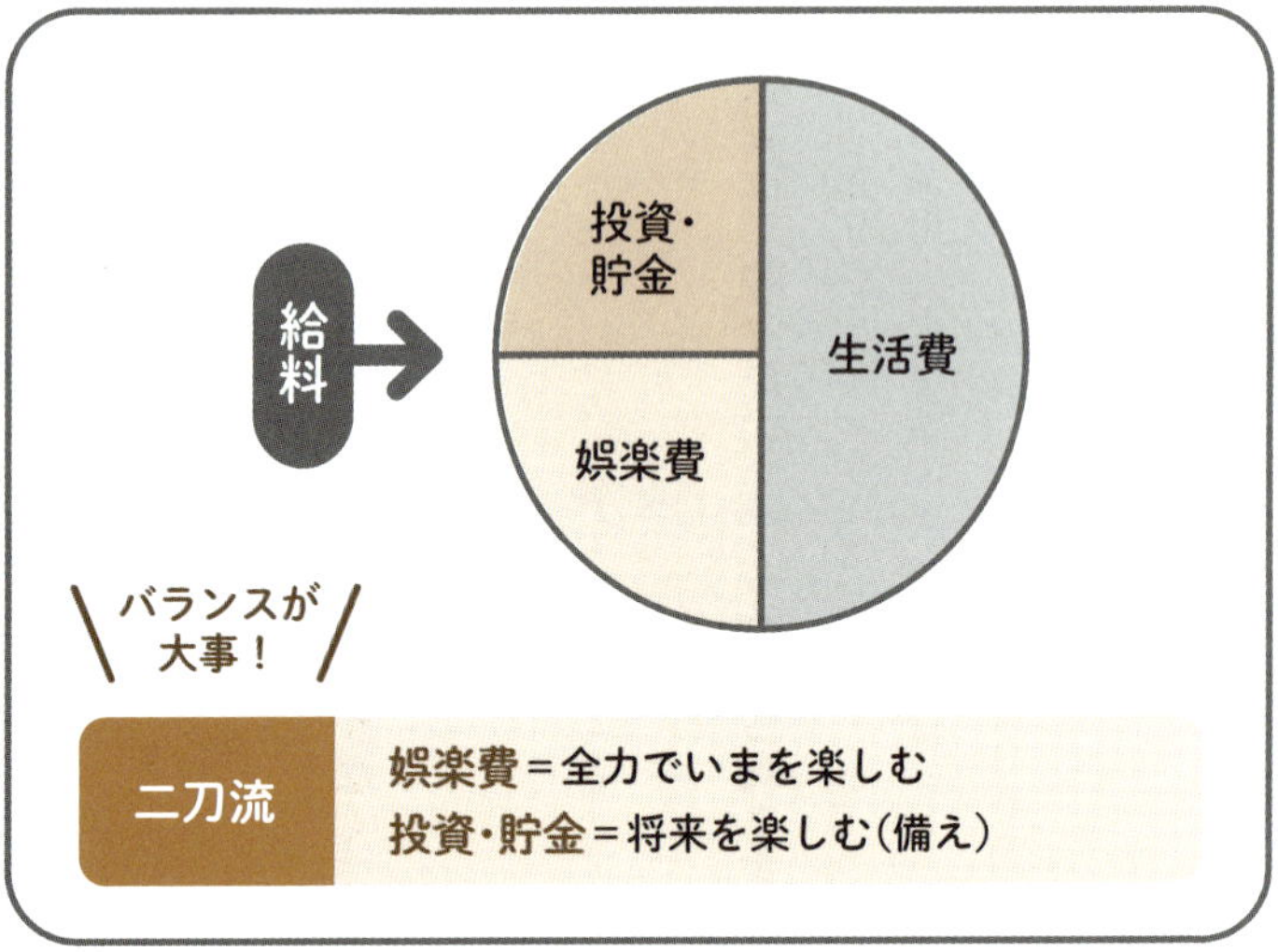

「年間60万円なんてムリだよ」と思うかもしれませんが、種銭を生み出す節約術についても解説するので安心してください。

実は、本当は支出する必要がなかった「ムダなお金」はたくさんあります。過剰な我慢は必要ありません。うんざりするような節約とも無縁です。**いまを楽しみながらも、将来にも備える「二刀流」の節約法**をご紹介します。

もし、年間60万円の捻出が厳しくても大丈夫です。積立額を少し減らしても、運用年数を延ばせば解決できます。月に3万円（1日1000円）を投資し続けられるなら、資産5000万円に到達できるでしょう。もしくは、同じく運用年数を確保したうえで、目標金額を2000万円に下げるなら、種銭はもっと少なくてもいい。1日500円の種銭をつくって投資をすれば、射程圏内です。文字どおり、ワンコイン投資です。

時間がもたらす複利効果、そして、新NISAやiDeCo（ともに非課税で投資できる制度）を味方につければ、お金は勝手に育ちます（新NISAとiDeCoは第4章で解説）。

本書では、「1日たった1000〜1500円の投資で資産5000万円をつくるアプローチ」を解説します。**あなたが会社を退職し、働かなくなっても、不労所得をつくり続ける「自宅ATM」のつくり方**です。

名付けて**「ゆとり投資」**です。

5000万円までなら「仕組み化」で到達できます。

5000万円＋αを狙うなら、「ゆとり＋α投資」です。投資先をコア（中核）とサテライト（衛星）に分けた投資戦略によって、リスクを最低限に抑えながら、平均点以上を目指します。

コアは「守りの資産」で、長期で安定的に運用が期待できる投資先です。サテライトは「攻めの資産」で、コアよりリスクを取ることで高いリターンを求める投資先です。

コアで平均点を取り、サテライトで＋αを狙うことで、全体では平均点の上を目指します（コア投資は第4章で、サテライト投資は第5章で解説）。

投資が「人生の選択肢」を増やしてくれた

サラリーマン時代を振り返ると、内臓の持病や親の介護などにより、有給休暇が足りなくなって休職をした過去がありました。そんなときに、**不安定な生活を支えてくれたのも投資**でした。

投資によって得た知識と、投資がもたらした資産があるから、「仕事がなくなっても大丈夫だ」と常に前向きでいられました。お金が勝手に働いてくれるので、たくさんの選択肢を持つことができ、**会社にしがみつく必要がなかった**のです。

いまでは、目覚まし時計や満員の通勤電車とは無縁の生活をしています。上司から理不尽な命令を受けることもなく、守らなければいけない会社規則もなく、先輩に忖度する必要も、取引先に媚びる必要も、後輩への指導がパワハラにならないかと不安になる必要もありません。

お金のためではなく、生きがいのために、**好きな仕事を、好きな人と、好きな場所で、好きなときに、好きな量だけ**しています。望むなら、これからふたたび外で働くことだって可能です。

投資をしていると、つくづく思います。**「お金の量＝選択肢の数＝人生の豊かさ」**であると。

本書を手に取られたあなたは、ラッキーです。**本書を読み終えるころには、「5000万円の資産」あるいは「お金に困らない将来」を手に入れたも同然**だからです。

もちろん、毎日が楽しくなくなるほどの我慢をする必要はありません。いまを全力で楽しみつつ、ムダを省き、将来も楽しくしてしまいましょう。

いよいよ次章から、1日1000～1500円で将来のお金の不安をゼロにする「普通の人」の投資術の世界へ、みなさんをご招待します。

第1章

投資の目的は、お金「ではない」

詳しい投資術を紹介する前に、まずはみなさんに、「投資」というものを正しく知っていただきたいと考えています。

投資に対する正しい理解がなければ、投資によるリターンを最大化できなかったり、もしくは資産を失ってしまう可能性が少なからずあるからです。

「もったいぶらずに、さっさと買うべき銘柄を教えてくれよ！」という方は、第4章「コアを固めて負けないポートフォリオをつくる」をご覧いただいてけっこうです。

しかし、順を追って本書を読み進めていただければ、**「一生役に立つ投資の知識」**を手に入れることができます。

投資の知識はビジネスパーソンとしての躍進を支える武器になりますし、ゆくゆく本書で紹介する投資戦略を超えたチャレンジをする際も、「あのときに知っておいてよかった！」と思っていただけるはずです。

投資にはセオリーがあるため、それをあらためて理解するのにも役立ちます。難しいことは書いていませんし、なるべくコンパクトになるよう話をまとめましたので、軽い気持ちで読み進めてください。

それでは、第1章を始めていきます。

お金を増やすのは「手段」にすぎない

あなたは「投資」という言葉を聞いて、どのようなイメージを持たれるでしょうか。「楽してお金を稼ぐ手段」「頭のいい人がやっているお金儲け」「危ないギャンブル」――。

私が耳にしたことのある意見だけでも、さまざまなものがあります。

場合によってはどれも正解ですし、場合によってはどれも不正解です。楽してお金を稼ぐことはできるけれど、正しい知識がなければそうもいかないですし、投資をまるでギャンブルのように扱う人もいます。

私が考える投資とは、最終的には**「生活を豊かにする手段」**です。**お金を増やして、選択肢を広げて、生活を豊かにするという3ステップ**で構成されています。

端的に言えば、資産を増やすために行うものが投資ですが、資産が増えると選択肢の数が増え、選択肢の数が増えると生活が豊かになります。

お金を増やすことだけに目が行ってしまうと虚しくなり、それこそ「もう、うんざり」と感じてしまいます。あくまでも「生活を豊かにする手段」と考えるのが妥当です。

人間はお金を増やすために生きているのではなく、選択肢を増やすために生きているのでもなく、豊かな人生を送るために生きているのですから。

ステップ1 お金を増やす

最初のステップは**「お金を増やす」**です。

そもそも「お金を増やす」ということには、2つの意味があります。

まずは、**給料を増やす**ということです。一生懸命働いて昇格したり、転職して年収を高めるのがこちらのパターンに該当します。

不労所得を増やす

2つ目は、**不労所得を増やす**ということです。投資がもたらす「お金」は、不労所得を指しています。

手元にある現金を、これから価値が上がっていく銘柄や配当をもたらす銘柄に替えることで、貯金しているだけでは価値が変わらなかったはずの資産（いまのようなインフレが続くと、貯金では実質的に価値が下がっていくと言えます）が、勝手に価値を高めてくれる。それを目指すのが投資です。

給料を増やすには、自分の身体と時間を使う必要があるので、どうしても限界がありま す。一方、投資であれば、お金が勝手に働いてくれます。お金が勝手に働いてくれるので、仕事をしている間も、ネットを見ている間も、ご飯を食べている間も、夜眠っている間も、資産が増えていくのです。

一生懸命に働き、スキルをつけ、給料を上げることは、人間が生きていくうえでとても大切なことです。しかし、やはり限界がありますし、仕事だけが人生ではありません。働くことを通じて人生の選択肢が広がっていくのは疑いようのない事実ですが、**それと**

同時に投資をすることで、人生の可能性は何倍にも広がっていきます。**働くことでしか得られない経験を積みながら、それによって得たお金を投資によって増やす**ことで、数年〜数十年先の将来を大きく変えられるのです。

投資の最強の力は「複利」

「三井住友銀行」「三菱UFJ銀行」「みずほ銀行」といったメガバンクは、定期預金金利が0・125%です。つまり、100万円を1年間預けても、わずか1250円ほどの利息しか受け取れません（しかも、そのわずかな利息からもきっちり20・315%の税金が徴収され、手取りでは1000円ほどになります）。

一方、一般的に実現可能とされる**年率5%の複利運用**で100万円を投資に充てた場合、1年間で5万円の「利息」を受け取ることができます。

翌年には100万円が105万円になるのです。そのまま放置しておけば、今度は100万円ではなく105万円を年率5%で運用するため、受け取れる金額はさらに増加します。これが、複利の効果です（ただし、これはシミュレーションであり、毎年必ず得をし続けるわけではありません。損する年もあります）。

仮に、これを20年間継続した場合（毎月8万3333円≒年間100万円ずつ投資し、20年間にわたり年率5％で複利運用した場合）、投資した**2000万円の現金は、およそ3400万円**になります。働いて1400万円稼ぐのは簡単ではありませんが、正しく投資をすれば、放っておくだけで増える可能性が高いのです。

投資をする際には、この「複利」の考え方を頭に入れておくべきです。複利とは、**利子にもまた利子がつくこと**です。利益が利益を生み、長く運用するほど効果が大きくなるため、投資は早く始めたほうが恩恵を受けられると言えるのです。

ステップ2　人生の選択肢が増える

お金が増え、余剰資金があると、人生の選択肢が増えます。

- 収入を気にせず好きな仕事ができる
- 転職や起業といった挑戦がしやすくなる

・いまの会社で働くにもメンタルが楽になる
・地方や海外など、場所を選ばず生活できる
・治安がよく便利なところに住める
・健康にお金がかけられる
・子どもの教育にお金がかけられる
・FIRE（Financial Independence＝経済的自立、Retire Early＝早期退職）できる

ざっと考えただけでも、たくさんの選択肢が思い浮かびます。逆に、お金を理由に選択肢から外すことをしなくてよくなります。

嫌いな場所に住むより、好きな場所に住むほうが、きっと気持ちが楽なはずです。嫌いな仕事をするより、好きな仕事をするほうが、きっと毎日が楽しいはずです。

お金の不安から解放されるほど、選択肢が増えれば増えるほど、人生は豊かになります。

こうして、**「ステップ3　生活を豊かにする」**が実現されるわけです。

「鈍くさい」サラリーマンだった私を投資が救ってくれた

実は投資には、これとは別の恩恵もあります。**投資と真剣に向き合うことで、ビジネスパーソンとしても成長することができる**のです。

私の実体験をお話ししましょう。

そもそも私は、人より勉強ができるわけでも、運動神経がいいわけでもなく、いわゆる凡人として生活してきました。小・中・高校生のころは身体が弱く、年間欠席数が2桁は当たり前でした。高校の授業では、よく居眠りをしていました。

大学には進学できましたが、だからといって何かが大きく変わるわけでもありません。本当に「平凡」という言葉がしっくりくる学生で、人に誇れるような特技はありませんでしたし、バリバリお金を稼げる企業に内定をもらえる可能性も、残念ながらまったくありませんでした。

そんな私ですが、なんとかある会社に潜り込むことができました。もちろん、給料は安かったです。

社会人1年目の私は、本当に冴えないサラリーマンでした。鈍くさいし、仕事の覚えは悪いし、覚えたところで仕事が遅いし、目立った営業成績を上げるわけでもないのに口だけは達者。振り返ると、相当イケてなかったと思います。

年間予算、半期予算、月予算、そして前年対比……毎日が「数字」との戦いで、社会人になって早々に自信を失いました。

不安から空回りしてしまうことも多く、これから会社で通用するのか、やがて部下を持つようになったらちゃんとマネジメントできるのか、60歳定年までやっていけるのか……と、**まったく先の見えないサラリーマンだった**のです。

ちなみに、桶井道（おけいどん）というペンネームは、「鈍くさい」の「どん」から名付けました。自分を卑下したいわけではないものの、そう名付けるのがぴったりな人間だったのです。

投資の経験は仕事にも生きる

投資に向き合った経験は、こんな私を大きく変えてくれました。

投資を本格的に開始したのは25歳ですが、それ以前から投資の勉強をしていたので、私にはわずかながら**「投資家目線」**がありました。優れた銘柄を見つけ出し、そこに投資することで、大きなリターンを得られることを知っていたのです。

20代半ばのとき、グループ企業全社をあげて注力する事業が立ち上がりました。この年、私はここに社会人生活のすべてをかけることにしました。

会社が注力する事業は、これから成長する可能性が大きい事業であり、ここで成果を上げることで、評価がグッと上がる可能性があります。**会社として注力していない事業の仕事は力を抜いて、会社として注力する事業の仕事にリソースを集中すれば、「社会人として勝てるかもしれない」と「投資家目線」で分析した**のです。

事業が立ち上がると、私はとにかくスタートダッシュを決めることに集中しました。

そのスタートダッシュが功を奏し、数カ月経過した時点で、社内で上位の成績をあげることができました。

すると、部長が私の努力を評価してくれ、多くのリソースを注力事業に充てることを許可してくれたのです。

部長の後押しがあったおかげで、周囲も協力的でした。結果的に、私はグループ企業全体で数千人いる従業員のなかで、営業成績1位を勝ち取りました。2位以下の上位はベテラン社員ばかりで、本当に誇らしかったです。

この出来事をきっかけに、イケてない社員だった私の評価はガラリと変わりました。勢いのある若手として、経営陣に顔と名前を覚えてもらうことができたのです。

投資に対して向き合ってきた時間は、**投資家としての成績よりも先に、サラリーマンとしての成績を上げることに効果を発揮した**のでした。

投資と仕事は「車の両輪」

投資が仕事にもたらしてくれたポジティブな影響は、枚挙にいとまがありません。

- 数字を読むセンスが身につく
- 情報収集力や情報分析力が身につく
- 判断力が上がる
- 仕事に強弱をつけられるようになる（ときには損切り）

・売れる商品やサービスがわかる
・成長する業界と衰退する業界がわかる
・ものごとを俯瞰的に見られるようになる
・世界のトレンドが読み取れるようになる

つまり、**ビジネスパーソンとして地力が高まる**のです。

私は転職を経験していませんが、投資を通じて得られる能力は、社内での昇進にも、転職によるキャリアアップにも寄与するものなのです。

仕事ができるようになれば、必然的に収入が増えます（普通は増えることが多いと思います。私の勤務先の場合はそれほどでもありませんでしたが……苦笑）。するとく可処分所得が増えて生活の質が上がりますし、投資の種銭も増えて、ますますお金が増えていきます。

投資と仕事は切り分けて考えるものではなく、両輪で回していくものであり、双方がうまく噛み合うことでプラスのスパイラルが生まれていくのです。

大切な人のために「仕事を辞める」自由を得る

さらに、投資が私にもたらした最大の恩恵があります。それは、**大切な人のために「仕事を辞める」という決断ができた**ことです。

勢いがあった20代とは裏腹に、サラリーマンとしての晩年は、内臓の持病からフルタイムで働くのが難しくなってしまいました。だんだんと働くのが苦しくなっていたこともあり、ついに持病が悪化したときにはひどく落ち込みました。

そこに追い打ちをかけるように40代半ばで、母親の介護をすることにもなりました。有給休暇を使い果たし、介護休職せざるを得なくなりました。社会的にいえば脂が乗ってくるタイミングで、第一線を離れることになってしまったのです。

そんな私を助けてくれたのも、また投資でした。給料が大幅にダウンしても、投資に回してきたお金が勝手に働き続けているので、**最低限の生活やメンタルを守ることができた**のです。

このタイミングで、投資にはより一層力を入れました。「投資を学び直せば、人生はいくらでもやり直せる」と自分に言い聞かせ、投資家として這い上がれるよう必死に勉強しました。実は、39〜40歳くらいのときにも激務から内臓の持病が悪化して挫折を味わった時期があり、投資を学び直して、再起した成功経験があったのです。よって、もうワンランクアップ！　という想いでした。

仕事を休職したこのタイミングでも、労働収入は減ったけれど、総収入を増やす土台づくりに成功しています。

母親が回復したあとは、今度は父親に難病が発覚するなどてんやわんやでしたが、**これを乗り越えられたのも投資を続けてきたから**です。すでに1億円ほどの資産があったので、そろそろ「退職して自由になろう」と決意できました。

退職後、さらに、母にがんが発覚するという「まさか」が続きましたが、自分の内臓の持病をコントロールしながら、父を介護し、母の療養を支え、家事をこなせたのは、間違いなく**投資のおかげ**でした。

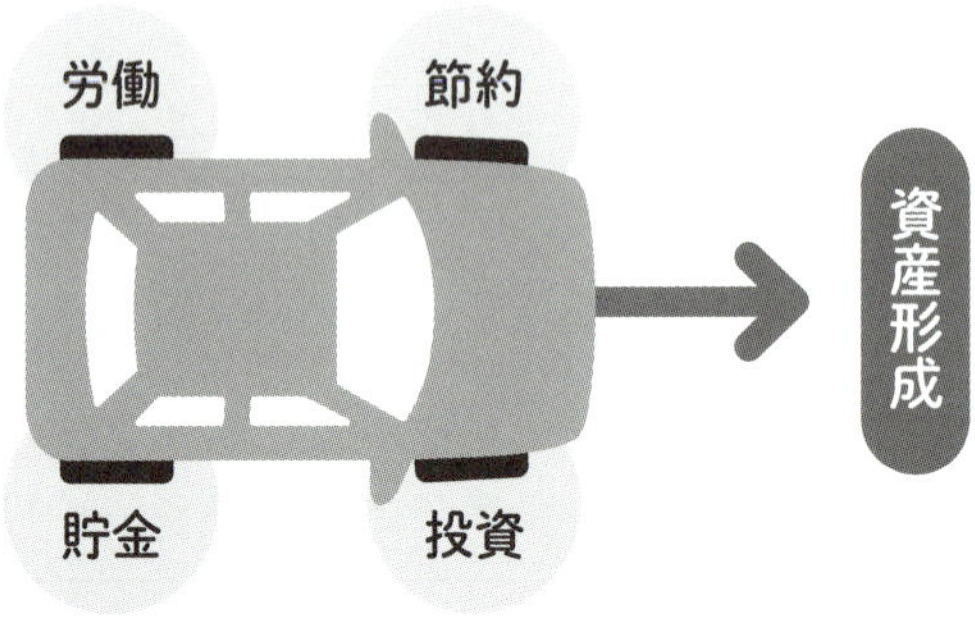

大切な
4つの車輪

労働＋節約＋貯金＋投資
すべて揃えば、目的地に着ける

仕事を辞め、両親の介護・見守りをするというのも挑戦です。これができたのは、やはりまとまったお金があり、「仕事を辞める」という選択肢があったから。**投資を続けてきたおかげで、人生を終わらせることなくすんだ**のです。

もし、私が投資に出会っていなかったら、これだけの「まさか」に押し潰されていたのではないでしょうか。少なくとも、私は、親孝行しながら物書きとして第二の人生を満喫している「いまの私」には出会えていないと言い切れます。

先ほど、投資と仕事は「車の両輪」という話をしました。ここにさらに「節約」と「貯金」を加えて、**「労働＋節約**

＋貯金＋投資」の4つの車輪を回すことで、資産形成という目的地に到達できる確率は格段に高まります。

この考え方を意識して、ぜひ**お金に悩まない人生**を勝ち取りましょう。そして、あなたの思いどおりの「人生の打席」に立ってください。

第1章のまとめ

第1章では、投資およびお金について、正しく理解していただきました。そろそろ、投資を始めたくてウズウズしてきたタイミングかもしれませんね。

続く第2章では、投資の種銭をつくるための節約術について解説をしていきます。

第1章でお伝えした「投資を始める前に知るべきこと」と、これからお伝えする「二刀流」節約術を頭に入れてから投資のお話に移りましょう。物事には順序があります。

資産5000万円の投資術までもうすぐです。

第2章

誰でも楽しく投資ができる「二刀流」節約術

普通の人が投資を始める際に、最初に立ちはだかる壁が**「お金の問題」**です。投資の知識は本やセミナーで身につければいいものの、投資に回すお金がなければ、投資を始めることはできません。

しかし、節約を実践することでお金の使い方を身につければ、投資が捗《はかど》るようになります。

また、投資に回したお金がすくすくと育っていく姿を見ると、節約のモチベーションがどんどん高まっていくものです。私はお金が増えるたびに、そのように感じました。

本章では、**みなさんが投資を実践するために必要な、ムリのない節約術**をお伝えします。うんざりするような節約の話はしませんので、安心してついてきてください。

もしも**「投資の話を早く知りたい！」**と思われましたら、先に第3章以降をお読みいただいてから第2章に戻られるのも、大いに歓迎いたします。ただし、そうされる場合も、章末の「第2章のまとめ」には目を通してから先に進まれますよう、お願いいたします。

「価値のランクづけ」で10年後の人生が変わる

投資について話をすると、**「投資はお金を持ってからやるものだ」**という意見をいただくことがあります。「まとまったお金がなければ、大したリターンは得られない」「若いころは節約なんかせず、いろんな経験をしたほうがいい」という理由からです。

たしかに、一理ある意見だと思います。投資は元手が大きければ大きいほどリターンが大きくなりますし、人生経験を積むことの重要性も重々承知しています。

ただ、私は、**貯金がない若者でも投資をすべき**だと考えています。投資が人生の選択肢を広げてくれることはすでに説明したとおりですし、投資は早く始め、そして長く続けることで大きなリターンをもたらすポテンシャルが高いからです。

そもそも、お金を使って経験を積みながらでも、投資はできます。**投資にお金を回したからといって、人生経験が薄くなるなんていうのは、あまりにも極端な話**です。

さて、あなたは、先週どのようなことにお金を使ったか覚えていますか。ランチ、同僚との飲み会、コンビニで買った飲み物……たくさんあると思います。そして、それらが**「本当に必要だったか」**を考えてみてください。

ランチは身体に悪いものにお金をかけていたかもしれないし、食後にスターバックスでお茶することが癖になっていたかもしれないし、飲み会は上司の愚痴を言うだけだったかもしれないし、マイボトルを持ち歩けばコンビニで水を買う必要はなかったかもしれません。

実は、本当はお金をかけなくてもよかったはずのところに、ムダにお金を使っているシーンは山ほどあるのです。

切り詰めるべきは、豊かな経験を積むために必要なお金ではなく、理由なく無駄遣いしているお金です。「旅行をするな」とも「友人と飲みに行くな」とも言っていません。実は使う必要がないけれど、なんとなく使ってしまっている、使途不明金ならぬ**〝目的不明金〟**をなくそうという話です。

これから紹介するのは、私が実践していた節約術です。「貧乏くさい」と思われるかもしれませんが、それはいまここだけに焦点を合わせるからです。そうではなく、**やがて選**

択肢のある豊かな人生を送れるようになるための手段だと割り切ってください。

お金に不安を感じない人生のために、「人生の打席」に立つために、「労働＋節約＋貯金＋投資」の車輪を回し続けましょう。

なお、私自身は、いまは介護にリソースが必要になっていて、お金で解決するシーンが多く、かつ資産がある程度あって節約が及ぼすプラスの影響が減ったので、ぜんぶぜんぶ節約はしなくなりました。資産が1億5000万円を超えたあたりから、そう変わりました。

節約術① 価値のランクづけで、無理なく節約

節約をするにあたり、最初にすべきことは何でしょうか。多くの方は「支出の把握」と答えます。しかし、本書で取り扱う「ゆとり投資」のための節約術では、**「価値のランクづけ」が最優先事項**になります。

いまを楽しみながら、将来も楽しむには、「価値のランクづけ」をすることがもっとも

重要です。

その次に、**自分が何にお金を使っているかを洗い出し、それが価値のランクと連動しているのか確認**します。価値のランクづけで明確になった優先順位に連動した支出にコントロールしていくのです。

優先順位が低いものにお金を使っていたら、その分は投資に回しましょう。そのお金は、人生の選択肢を増やし、将来を思い切り楽しむためのお金に成長します。

さて、先ほども書いたとおり、本当はお金をかけなくてもよかったはずのところにムダにお金を使っているシーンは山ほどあります。毎日タバコを1箱買って、コンビニで水を買って、スターバックスで贅沢なドリンクを飲み、さらには惰性で飲み会に参加して……と、日常には無駄遣いがたくさん隠れているのです。誘いや欲望のすべてに反応してはお金が残るはずがありません。心当たりがある人も多いのではないかと思います。

これらを見直し、本当に必要なもの、つまり価値が高いと思えるもの以外を節約すれば、簡単に投資の種銭はつくれるのです。

価値のランクづけに、いいも悪いもありません。これには個人差があります。人によ

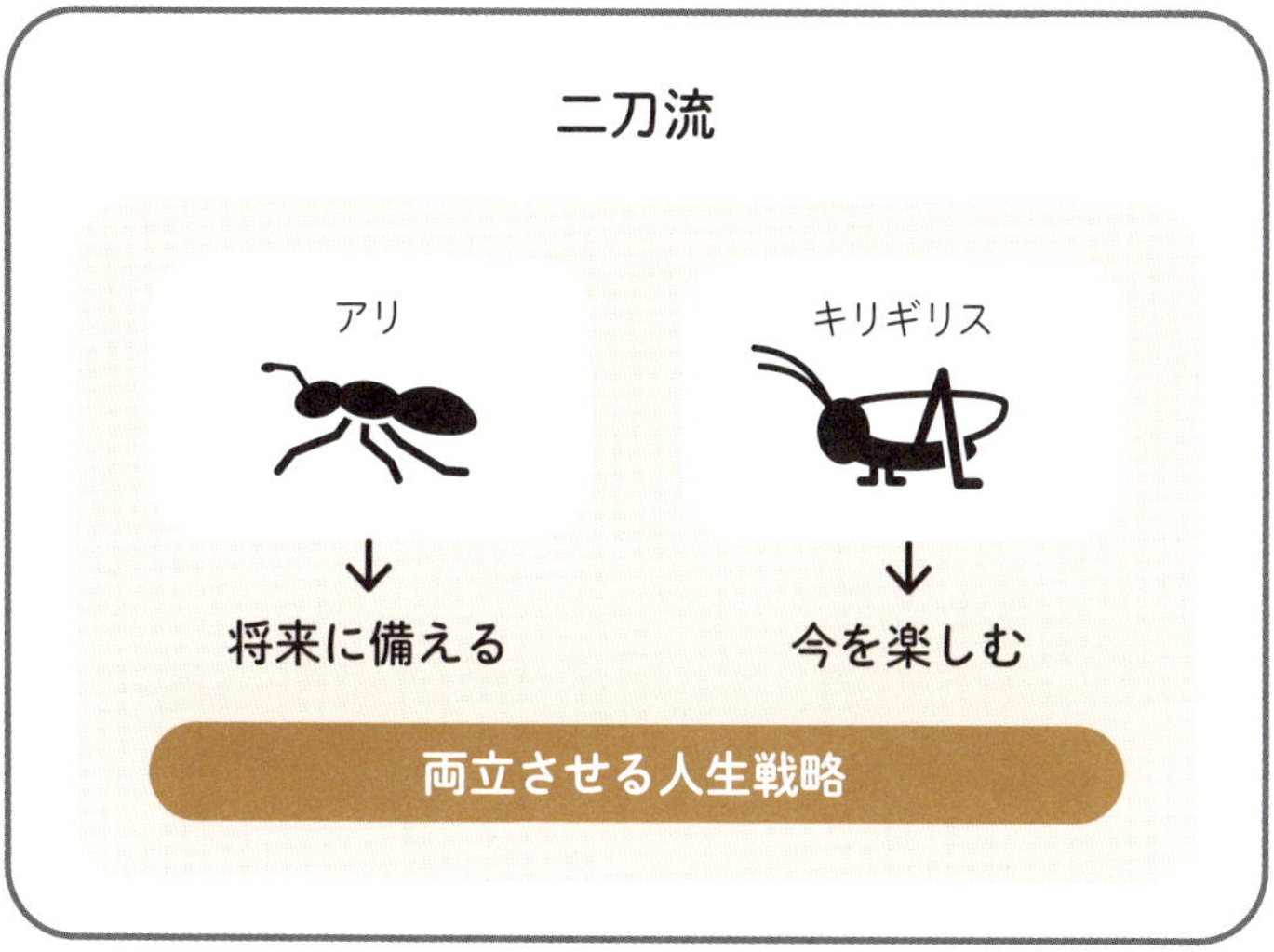

り、幸せを感じるものは異なるので当然です。

1位にランクしたものには、それなりの支出をしてもかまいません。飲み会に行くのが好きなのであれば、飲み会にお金を使ってください。

「ゆとり投資」は、いまも将来も楽しむための「二刀流」の人生戦略です。自分の価値観に従って、自分を満たすためにお金を使うこともまた「投資」ですから、ケチケチする必要はありません。

そこでしっかりと贅沢して大満足すれば、人生は楽しくなりますし、お金の威力を知って資産形成するモチベーションが上がりますので、一石二鳥なのです。

1つのことで大満足することにより、

他の欲求をコントロールできるようになります。プチ贅沢を重ねて浪費してしまうよりも、自分が好きなことには贅沢することを大目に見るくらいが、結果的にいちばん効率的です（かつては、忙しい最中にプチ贅沢をすることを良しと考えていましたが、考え方が変わりました）。

その代わり、服を買いすぎないとか、値段が高くなりがちなフードデリバリーサービスは使わないとか、スマートフォンは型落ちにするとか、格安美容院（散髪店）にするとか、自分なりに工夫してください。

【実践】価値のランクづけはこうやる

まずは、**あなたが幸せを感じることをリストアップ**してみましょう。何をしているときに、「あー、幸せだなぁ」「楽しいなぁ」「これでまた頑張れる」と感じますか。直感で、本能で、素直に書き出してみてください。自分は何をしているときに、もっとも幸せを感じているかを棚卸ししてみましょう。

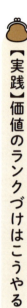

先週、先月、この半年間、この1年間、この数年間まで広げてもかまいません。自分が取った行動（買い物、グルメ、レジャー、カフェ、推し活、旅行、スポーツ観戦など）と感想を思い出してみてください。この段階では支出額は気にしなくてもけっこうです。素直な感情だけに焦点を当ててみましょう。

リストアップできたら、**優先順位**をつけましょう。この1位（ないし上位）への支出は大目に見てかまいません。将来のために何もかも節約しない、いまを我慢しない。いまも楽しみ将来にも備える、それが「二刀流」節約術です。

次に、あなたの**目的不明金を明確に**しておきましょう。

クレジットカードの利用履歴や所持しているレシート、カレンダーや手帳を見返して、まずは1カ月分の支出を記録してみてください。

記録できたら、それらがどのような目的で使われたのかを、次の3つに分けて考えてみてください。先ほどの、**価値のランクの序列＝優先順位に照らし合わせながら**行いましょう。

①あなたの幸福度を爆上げする支出

趣味、旅行、癒やしの時間——あなたにも「これをしているときがいちばん幸せ」「このために仕事を頑張っている」というものがあると思います。

これらの支出は、**あなたのいまの幸福度を高める**という大切な目的があります。これを切り詰めてしまうと、それこそ「お金のために節約する」という本末転倒に陥ります。すぐに虚しくなってしまいますので、**これは切り詰める必要はありません**。

②幸福度を高めていない支出

「とりあえず参加した飲み会」「気晴らしに使ったギャンブル」「実は買う必要がなかったコンビニのジュース」……細かいものまで見直せば、**あなたの幸福度を高めることに貢献していないお金**が見つかるはずです。

これについては、大いに見直しの余地があります。次の「節約術②だらだら支出」で詳しく解説します。

③定期的に引き落とされる固定費

家賃や水道光熱費、サブスク料金など、口座から自動的に引き落とされる固定費です。

一度手続きをしてしまうと、自分の意志に関係なく引き落とされるので、**幸福度を高める役目を果たせていないお金**が少なくありません。ここも、大きな節約のチャンスです。「節約術③　ぼんやり支出」で解説します。

節約術②　だらだら支出を見直すだけで、2700万円の資産！

まずは**「②幸福度を高めていない支出」**です。

日常のなかには、もはや習慣になっている**「だらだら支出」**がたくさんあります。具体例をいくつかあげますが、ほかにもいろいろありますので、自分の支出を見直してみてください。

（ドリンク代）

最たる例が「ドリンク代」です。自販機やコンビニで購入するペットボトル飲料や、ランチのときのドリンクがこれにあたります。

もし、これらをマイボトルに替えたら、**それだけで数百円節約**できます。「ケチケチするなよ」と思うかもしれませんが、投資家目線で考えるとバカにできません。

ドリンク代（および、このあとご紹介するもの）を節約して、1日あたり500円を浮かせたとしましょう。365日継続すると、約18万円になります。ビジネスパーソン人生が22歳から65歳までの43年間と仮定すれば、18万円×43年間で、なんと**約774万円**です！　774万円は、**「老後2000万円問題」のうち、約39％**にもあたる見逃せない金額です。

さらに、これを年率5％で複利運用したとすると、恐ろしい金額に跳ね上がります。

月1万5000円（1日500円）×12カ月×43年×年率5％で複利運用＝2716万円

年月と複利の力は恐ろしく、**だらだら支出を見直して、1日500円を浮かせるだけで、「老後2000万円問題」はクリアできてしまう**のです。

（プチ贅沢）

「自分へのご褒美」を言い訳にした、プチ贅沢も節約の的です。

しょせんプチ贅沢はプチ贅沢なので、お金がもたらす威力を味わうこともできません。結果的に、満足せずに繰り返し、ムダな浪費につながります。

贅沢をするときは、しっかり贅沢しましょう。そうすることで満足感が長続きし、不用意に繰り返す可能性も低く、お金の威力も思い知るので、節約意欲と投資意欲が増します。

コンビニ、スーパー、百貨店で「なんとなく買う」もの

また、用もなくコンビニやスーパー、百貨店に立ち寄る習慣も止めましょう。寄ると必ず何かを買ってしまいます。

用があっても、お腹が減っている状態でコンビニやスーパー、デパ地下に行くのも要注意です。空腹のときは食欲がマックスになり、ついつい余計なものまで買ってしまいます。本当は欲しくもないものにお金を払った経験が、きっとあるはずです。

飲み会

「参加する飲み会を絞る」「基本的に2次会以降は参加しない」というのも、私がサラリ

ーマンだったころから実践してきた、だらだら支出を削減するための方法です。

飲み会に誘われるたびに参加していたらキリがありません。毎回3000～5000円の支出をしているとしたら、年間ではすさまじい金額になります。

お酒を飲んでストレスを解消したい気持ちはわかりますが、実は**「意味のある飲み会」はそう多くありません**。「上司や会社の愚痴を言っているうちに終わっていた」なんて経験がある人も少なくないはずです。

そもそも時間がもったいないですし、そんなことにお金を使って後悔したことはありませんか？「2次会以降は参加しない」と決めるだけでも、だらだら支出を削減できます。

そして、アルコールは健康を害する可能性がありますので、ほどほどに楽しみましょう。飲みすぎて、お金で病気を買っては元も子もありません。

時間外手数料に気をつける

ATMから徴収される「時間外手数料」は、だらだら支出の典型例。高いときだと、300円ほどかかります。一回一回の金額はそれほど高くないように感じるかもしれませんが、年単位で考えれば、相当な支出に膨れ上がります。

病院や保険薬局も時間外料金を加算されるケースがあります。「何事も時間外に使わない」ように工夫してみてください。

ビニール傘の購入は絶対にNG

スマートフォンを持っていれば、わざわざアプリをダウンロードしなくても、天気予報くらいわかります。それなのに「急な雨」を言い訳にコンビニでビニール傘を買ったりしていませんか？　本当にムダな支出です。

いつも使っているバッグに折り畳み傘を入れておけば、それだけでムダな支出を防ぐことができます。ときどき忘れるハンカチも予備をバッグに入れておきましょう。こうした意識の積み重ねが種銭を生み出し、その種銭が将来を支えることを忘れないでください。

節約術③　ぼんやり支出を見直すだけで、1800万円の資産！

「③定期的に引き落とされる固定費」にも、ムダな支出が隠れています。それが習慣的に使ってしまっている**「ぼんやり支出」**です。これも投資および節約の天敵です。

固定費や習慣的な支出は、一度カットすれば永遠に節約効果があります。変動費はその都度節約せねばならず、ストレスが発生する割に効果が薄い。場合によっては、生活の質が下がってしまいます。

仕事も節約も同じで、**まずはインパクトの大きいところからアプローチ**してみましょう。節約でいえば、ぼんやり使い続けている固定費がそれに該当します。

毎月の通信費（スマートフォン）、ネット回線、クレジットカードの年会費……ぼんやり支出を削減できれば、投資に回せる種銭が一気に増えます。

スマートフォンは格安プランでOK

もしかして、スマートフォンで格安ではないプランを契約していませんか？

スマートフォンの利用料金は、真っ先に削減できるぼんやり支出であり、なおかつ削減効果が大きい。格安ＳＩＭを契約するだけで、毎月の利用料金が５０００円近く安くなる人もいます。

キャリアのショップで提示されたプランをそのまま契約しているようでは、いつまで経っても節約できませんよ！　さらに、スマートフォンは高性能なので型落ちで十分です。同じように、ネット回線もよく比較検討しましょう。

ほとんど使わないサブスクサービスは今すぐ解約

「Netflix」や「ABEMA（Abema TV）」など、世の中には無数のサブスクサービスがあります。あなたも、いくつかのサブスクサービスを契約しているはずです。

しかし、なかには利用頻度が少ないものがあるかもしれません。

それ、本当に必要でしょうか？　なんとなく契約し続けていませんか？　だとしたら、いまこの瞬間に解約してしまいましょう。ほとんど使わないサービスにお金をかけるくらいなら、思い切って解約して、投資に回してください。

ジム通いは本当に必要？

ここ最近、ジムに通うことが一般化し始めています。本格的にトレーニングをしていない人でも、「健康のために」と契約している人も多いと思います。

ジムに通っている（＝契約している）ことを、意識の高いことだとする風潮もありますよね。

でも、考えてみてください。そのトレーニング、本当にジムに通わなければできませんか？　自宅でできるトレーニングとなんら変わらないトレーニングをするために、毎月会費を払っていませんか？

ランニングは公道でも可能ですし、たまには隣町までサイクリングなんてのも楽しいと思います。筋トレは自宅や公園でもできます。泳ぎたいなら公営プールを利用すれば安いです。

「ジムに通っている＝意識が高い」と無条件に思い込み、ムダなお金を払い続けているのだとしたら、正直に申し上げて意識が低いと思います。フル活用するならOKですが、ぼんやり支出なら今すぐ解約しましょう。

年会費有料のクレカは1枚でOK

特に男性に多いような気もしますが、ランクの高いクレジットカードは、ステータスの象徴として扱われてきました。

しかし、年会費が有料のクレジットカードを何枚も持つ必要があるでしょうか？見栄は一銭にもなりません。メリットをよく考えましょう。そもそも支出を抑えようと考えているのですから、たくさんお金を使う体制を整える必要はありません。

また、当たり前ですが「リボ払い」は論外です。ムダな金利を払うなど、投資家としてもってのほかですよ！

これらを毎月ぼんやり支出してしまうのと、同額を積立投資するのでは、将来大きな差が出るのは目に見えています。

「だらだら+ぼんやり」支出を見直すだけで4500万円

さて、「だらだら支出」と「ぼんやり支出」を見直した結果、およそいくらのお金を節約できたでしょうか。

先ほど、だらだら支出を見直すだけで**約774万円の節約**になるとご説明しました。これを年率5%で複利運用したとすると、**約2716万円になる**のも、前述のとおりです。

ぼんやり支出も同様に計算してみましょう。ぜんぶ合わせたら、月に1万円くらいはすぐに浮きます。ビジネスパーソン人生43年間では、516万円にもなります。これを投資に充てると仮定すると、これもまたとんでもない金額になります。

月1万円×12カ月×43年×年率5%で複利運用＝1811万円

だらだら支出とぼんやり支出を見直すだけで、およそ4500万円のお金が生み出せるんです。

これが年月を味方につけた複利の力であり、今すぐ投資を始めたほうがいい理由です。

その他、日常でできる節約

ほかにも、日常のちょっとした工夫で、幸福度を下げずに節約できることは山ほどあります。いくつかご紹介しますね。

「持ち物の棚卸し」でムダな買い物を避ける

絶対に必要じゃないのに、2つ以上持っているもの、ありませんか？　ネームペン、ハサミ、ホチキス、セロハンテープ……数え出したらキリがありません。

「あれどこいったっけ？」「これ持ってたっけ？」の積み重ねが、ムダな支出を増やしていきます。「2つあれば便利」と思って買ってしまうものの多くが、なくても生活の質を下げません。

そうしたムダを避けるために、**定期的に持ち物の棚卸し**をしましょう。何を持っていて、それはどこで管理しているのか、しっかり把握しておく作業です。それだけで、ムダな買い物をせずにすみます。

衣類や靴、鞄も同じで、棚卸しをしていなければ、ものが無限に増えていきます。ふらっとショッピングセンターや百貨店、ＥＣサイトに寄ろうものなら、すでに同じようなものを持っているのに、自分の好みに合わせて似たアイテムを買い足してしまいます。

これから「ゆとり投資」を始めるのであれば、「これは必要なかった」を最大限に減らす努力をしていきましょう。

不用品は捨てるのではなく売る

不用品は、捨てるのではなく売りましょう。あなたにとって不用品でも、誰かにとっては必要品であることはたくさんあります。わざわざリサイクルショップに行かなくても、メルカリなどのサービスもあるので活用してください。

捨ててしまったほうが楽なのはわかります。でも、楽だからこそ、一銭にもならないのです。

ポイ活もバカにできない時代

買い物するときには、ポイントカードを出すようにしましょう。ここで貯めたポイントで節約すれば、浮いたお金を投資に回せます。公共料金を現金で支払っているなら、クレジットカード払いに切り替えてください。大きな支出なので、ここで貯まるポイントはバカにできません。

ポイントによりますが、貯めたポイントを投資に使えるものもあります。

楽天グループでは楽天ポイントが有名です。

最近では、ＳＢＩ証券でＶポイントが便利に使えるようになりました。ユーザーが増えているように感じます。

マネックス証券ではマネックスポイントやｄポイントが使えます。

私はｄポイントを日常的に貯めていて、各種ポイントをｄポイントに移行するようにしています。ｄポイントはＳＭＢＣ日興証券でも投資に使えます（または、アマゾンでもｄポイントが使えるので、投資本を購入することもあります）。

ポイントが原資なら、支出はゼロ。現金で購入するのはためらってしまうような、ハイリスク・ハイリターンな銘柄にもチャレンジできるでしょう。もしくは、現金で投資を始める前に、ポイントを使って投資を経験してみるのも一案です。

健康でいることは、最強の節約術

私は**「お金が貯まらない」と相談を受けたら、体重計と大きめの鏡を買うようにアドバイス**しています。毎日体重計に乗り、毎日鏡で体形を見ていれば、余計なものを食べなくなるからです。財布に優しいだけでなく、健康にもつながります。

人間の舌や脳は、糖分、塩分、脂肪分、アルコール分を美味しいと感じるようにプログラムされています。身体によくない食事ほど、美味しいと感じてしまうのです。健康は本能との戦いであり、それと同時に本能と節約との戦いでもあるのです。

また、タバコなどのムダな習慣も、財布と身体に悪いのでやめましょう。アルコールやスイーツ、スナック菓子もほどほどにしてください（私は完全に下戸で、アルコールにお金を使いません）。お金を払って身体を害するなんて、冷静に考えてめちゃくちゃです。

「いまたくさん食べたい気持ちを我慢することや、いまお酒をたくさん飲んだりタバコを吸ったりするのを我慢すること」と、将来病気になった場合の生活を我慢すること、あなたならどちらを選びますか？

私は当然、前者を我慢します。食道がんや心筋梗塞、脳卒中などには絶対になりたくありません。「いまが楽しければそれでいい」と将来に対して無責任な行動はしたくありません。

いまこの瞬間の行動は、将来にリンクしています。つまり、いまを生きるということは、将来を生きるということでもあるのです。「いまの自分」は「将来の自分」に対して責任を持っているということを意味します。

私は食生活には細心の注意をしてきましたが、食生活とは別の理由で体調を崩して時短勤務を余儀なくされ、労働収入が激減した過去があります。

長年続けてきた投資に助けられましたが、**健康がお金に直結する**ことを痛感しました。収入が減るのに、支出（医療費）が増加するのですから、本当に苦しい。

いまを楽しみながら、将来も楽しむためには、健康な身体が必要なのだと理解してください。

4つの口座を駆使して、お金の流れを可視化する

実践している人も少なくないかもしれませんが、**銀行口座を用途別に使い分け、「お金に色をつける」**のも優れた節約術です。お金の流れを可視化することで、無駄遣いを減らすのです。

貯金ができない、つまり投資にお金を回せない人は、無意識に以下のような公式でお金を計算しています。

収入－欲求－誘惑－見栄－ストレス解消＝貯金（投資）

ギクッとした人も多いかもしれませんが、これではお金が貯まるわけがありません。

欲求や誘惑をコントロールするのは至難の業ですから、気づいたころにはお金が底をついてしまいます。

貯金をしたいなら、まずは公式をあらためてください。最初に貯金額を決めるのです。つまり、

収入－貯金（投資）＝使えるお金

です。

この公式で考えれば、欲求や誘惑をコントロールすることができます。使える範囲のお金で考えられるようになるからです。

また、「使えるお金」も全額使い切る

のではなく、**価値のランクづけに応じて支出する**ようにしましょう。「余ったら貯金（投資）する」くらいの気持ちでいることが、資産形成を早めます。

残業代が多かった場合を含め、臨時収入も多くを貯金や投資に充てることがベターです（もちろん全額とは言いません。いまも楽しみながら、将来も楽しむ準備をしてください）。

私が推奨する口座の使い分けは以下のとおりです。お金の色分けをしましょう。

①決済用口座（銀行口座）……会社から給料振り込みしてもらう口座です。クレジットカードや水道光熱費など各種支払いの引き落としなども兼ねて、生活費管理用とします。

②貯金用口座（銀行口座）……給料やボーナスが振り込まれたら、支出する前に先取りで貯金しておくための口座です。給料日ごとに積立預金（自分が設定した金額が、毎月自動で積み立てできる預金）すれば、強制的にお金を貯めることができます。

③投資用口座（証券口座）……投資用の口座は証券会社に設けることになります。貯金も投資も先取りが重要です。お給料が入ったら、使う前に、決まった額を投資用口座にストッ

クするようにしましょう。もしくは、投資信託の積立投資をクレジットカードですることも可能です。その場合は、①の決済用口座からの引き落としになります。

④お楽しみ貯金（銀行口座）……「ゆとり投資」では、いまを楽しむことも大切にしています。たまの贅沢は大賛成です。欲しいものや、行きたい旅行先があるなら、それに使うためのお金を計画的に貯めるようにしておきましょう。

やればやるだけ種銭が増える鬼の節約術

これまでに紹介してきた節約術は、誰にでも推奨したい、とても一般的な節約術です。**生活を切り詰めるというより、ムダなお金を使わないための取り組み**だと言えます。

しかし、私の節約術（自分が若くてこれから資産形成すると仮定した節約案も含む）はこれに止まりません。趣味と言えるほど投資が好きなので、投資に回せるお金をつくろうと、いろいろな節約に努めてきました。

洗い出してみると「やりすぎじゃないか？」と思うところもありましたが（苦笑）、投資をして資産形成したいという気持ちが勝りました。何よりも、増えるお金に気持ちをフォーカスすれば楽しいものです。

資産形成と物欲を100％発散することは両立しません。「ゆとり投資」ですから、ここで紹介する鬼の節約術をすべてマネしろとは言いませんが、少しでも参考になればと願ってご紹介します。

働くのは都心でも、住むのは郊外

家賃は少しでも安く抑えるために、都心ではなく郊外に住みましょう。たとえ通勤交通費が上がっても、会社負担なので気になりません。始発駅に住むと座って通勤でき、睡眠時間や読書時間に充てられるので「痛勤」にはなりません。もし、リモートで仕事できるのなら、都心に住む必要はありません。

また、家事を担う、家業を手伝う、介護で助けるなどの役割を果たすことを前提として、実家暮らしも選択肢となるでしょう。

ゲームアプリへの課金はNG

価値のランクづけでゲームが上位になるのであれば、常識の範囲内で楽しむのはＯＫです。しかし、私は時間とお金を奪う（さらに、目や指を酷使する）ゲームを好みませんので、基本的にやりません。ヒマな時間は、ネットサーフィン（ニュース閲覧や投資情報の収集）や読書をするようにしています。

NB商品ではなくPB商品を買う

特にこだわりがないなら、ナショナルブランドの商品ではなくプライベートブランドの商品を選びます。値段が安いですし、ナショナルブランドの商品に比べてクオリティが大幅に落ちるということもありません。

古いスマートフォンを活用

新しいスマートフォンを購入しても、自宅やカフェ、職場などのWi-Fi環境では古いスマートフォンを活用しています。新しいスマートフォンの劣化を遅らせるためです。私は、買い替え前のスマートフォンだけでなく、もうひとつ前の古いスマートフォンすら使っています（笑）。

お酒・菓子類をまとめ買いしない

お酒、ジュース、菓子類などの嗜好品は、まとめ買いすると安く買えて節約できたように思えてしまうことにワナがあります。

ムダに在庫があるとついつい手が伸びて余分に飲み食いして、かえって高くつくばかりか、健康にも良くありません。

まとめ買いしてもいいのは、必需品だけです。

衝動買いは絶対にしない

タイムセールでも、クリアランスセールでも、つまり「いましか安く買えない」と感じても、私は絶対に衝動買いをしません。「商品を目にした瞬間が物欲のピークだ」とわかっているからです。数日待ってみると、実は必要がないことも多くあります。

もし定価だったとしても欲しいものか。価値のランクづけで上位に位置しているか。これをあらためて確認し、本当に必要だと判断したときにだけ買うようにしています。

つまり「価格」を買う理由にしない。ちゃんと「価値」を測りましょう。

最近、新しいスマートフォンを買いましたが、まだ古いiPhone SE（初代）も使っています

今もマイボトルを愛用しています

わが家のパスタは、「早ゆで2分」タイプです

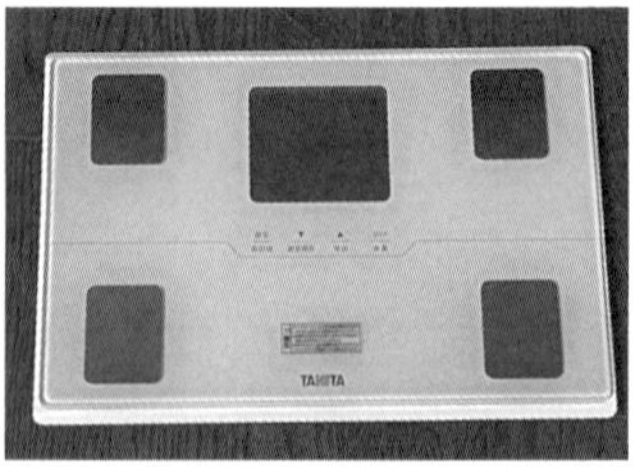

体組成計で健康（体重）を管理しています

洗濯は風呂の残り湯を使う

洗濯は風呂の残り湯を使います。衛生面が気になる方もいらっしゃると思いますが、すすぎを新しい水で行えば問題ありません。

節水コマや節水シャワーヘッドを使う

水量が減ると、水道代だけではなくガス代も節約できます。ご家族でお住まいの方でしたら、効果は絶大です。

冬は家のなかでも厚着で生活する

冬であれば、室内でもフリースとヒートテックを着用しています。スパッツもはきますし、靴下も履きます。それでも寒ければ、ひざ掛けを使います。さらに加湿器も使えば体感温度が上がると言われています。

この寒さ対策で、暖房は18～19度でも大丈夫になりました。ちなみに、夏場はシャワーや湯船の温度を下げています。

パスタは早ゆで2分タイプ

そこまでするか！　とツッコまれそうですが、ガス代の節約です。それと同時に、時間も節約しています。時間は有限ですから、有効活用したいものです。

トイレの使い方も工夫する

トイレの便座ヒーターは、春夏はオフにして電気代を節約しています。トイレを流すときも「大」と「小」をしっかり使い分け、節水を心がけています。

冷蔵庫の使い方も工夫する

冷蔵庫にはビニールカーテンをつけ、冷気が逃げない工夫をしています。業務用冷蔵倉庫がこの仕様になっているので、プロの技を拝借しているんです。

訳あり商品で賢く節約

選択肢があるなら、基本的には訳あり商品を選びます。

たとえば、規格外の野菜などは、味や安全性にまったく問題がないのに安くなります。

消費期限が迫った弁当など食品類は安く販売されます。家電やＰＣ等は型落ちなら割引きされます。

これらすべてをマネするのはたいへんですし、「そこまでやるとゆとりじゃない」というのも事実だと思いますので、あくまで参考までにご紹介しました。

しかし、「やった分だけ投資ができる」ということも事実。私は、**節約するたびに「これで人生の選択肢が増える」とわくわくした**ものです。

第2章のまとめ

第1章で投資を始める以前の心構えを学び、第2章では投資の種銭をつくる節約術を習得しました。続く第3章では、いよいよ負けない投資の基礎知識を網羅します。

ここであらためて、資産5000万円までのシミュレーションを確認してみましょう。

月5万円×12カ月×33年×年率5％で複利運用＝5026万円
月3万円×12カ月×41年7カ月×年率5％で複利運用＝5013万円
1日500円×365日×38年×年率5％で複利運用＝2037万円

節約術を身につけたみなさん、第2章を読む以前と、読んだあとでは、実現可能性がグッと高まったように感じませんか？

もうご理解いただけたと思いますが、実はムダなお金を使わないだけで、誰にでも資産5000万円を構築できる可能性があるのです。

ここまできたら、あとはやるだけ。投資に対して怖いイメージを持っていたり、なんとなく難しそうな印象を抱いていた人も、「これならできそう」と思っていただけたのではないでしょうか。

第3章

負けない投資の基礎知識

さて、第1章では、投資を始める前に知っておいてほしい、いわば心構えについてお話しさせていただきました。そして第2章では、投資に回す種銭をつくり出すための節約術について解説しました。

第3章ではいよいよ、実際に投資の世界に足を踏み入れるにあたり、絶対に知っておかなければいけない基礎知識について解説していきます。

本書を手に取ってくださっている方は、投資未経験者、あるいは投資ビギナーの方がほとんどだと思います。だから、まずは**投資の「王道」**から説明していきます。自分なりに挑戦してみたいと思う人もいるかもしれませんが、「王道を知らずして、邪道を歩くべからず」です。

ここで言う投資の「王道」とは、**「長期・分散・積立」の3つ**です。順番に解説していきましょう。

①長期

投資のセオリーとして、まずあげられるのが**「長期」**です。

第1章でも解説しましたが、投資には複利の効果が発生するため、基本的には投資期間が長ければ長いほどメリットを享受することができるでしょう。

世界経済は「長期」ではずっと成長してきた

歴史を振り返ると、過去30年の間に、アジア通貨危機、ＩＴバブル崩壊、リーマン・ショック、チャイナ・ショック、コロナ・ショックなど、世界経済を揺るがす「ショック」が何度も発生しました。

みなさんも聞いたことがあると思いますが、「１００年に一度の危機」と言われたリーマン・ショックのときは、資産が大きく目減りしました。

しかし、世界の株式市場は時間をかけてそのマイナスを取り返し、むしろ大きく成長しています。高値を更新しています。

世界単位で見れば、経済は短期的なアップダウンを経験しながらも、**長期的には成長を続けてきた**のです。

その根拠をわかりやすく示しましょう。

世界の人口は増えます
↓モノやサービスの需要が増えます
↓企業は増える需要に対応して供給を増やします
↓企業は利益が増えます
↓株価は企業の儲けに連動するので、株価は上がります

もしくは、こんなふうに説明することもできます。

人間は常に便利なものを求めます
↓それを可能にするためイノベーションが起こります
↓新しい需要が出てきます（いまなら生成ＡＩ、少し前だとスマートフォン）
↓それを供給する企業は儲かります
↓企業は大きくなりますので、株価は上がります

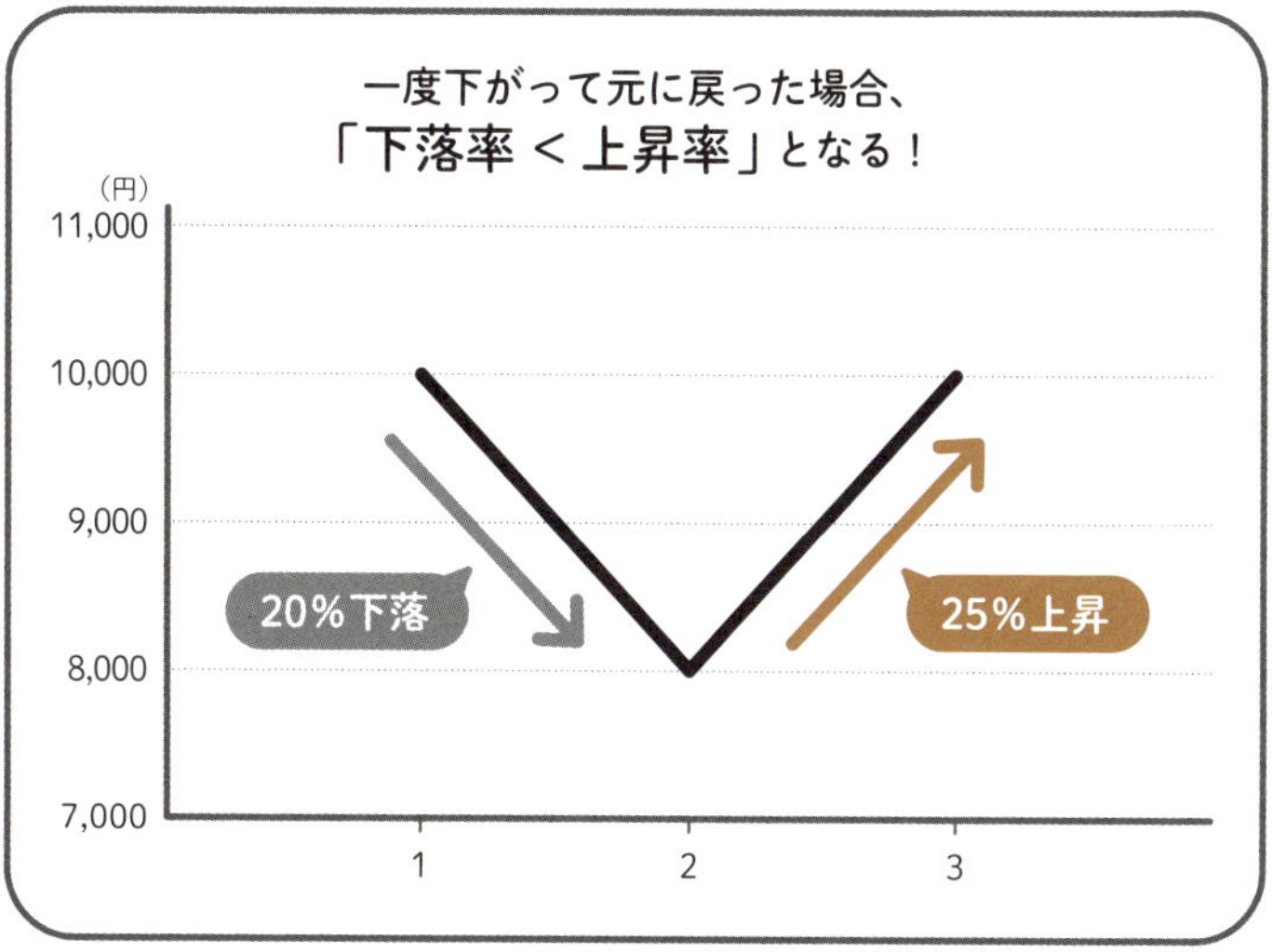

投資家のなかには、「ショック」をきっかけに株式を手放した人も多くいます。

しかし、そこで我慢して、株式を保有し続けた投資家たちの多くは、**資産運用を「長期的に続ける」ことで、しっかりとその恩恵を受けているの**です。

（長期投資は「リバウンド力」の恩恵を受けられる）

もっと言うと、実は**「ショック」のときに追加投資できる人が強い**のです。株価が元に戻ろうとするリバウンド力を味方にすることで、資産を伸ばすことができたのです。

仮に、暴落で株価が20％下落したとし

ます。株価が同じ位置に戻るためには25％上昇することが必要です。

この力を取り込むのです（もちろん、優良銘柄であることが前提です）。

ここで逃げれば、資産は20％下落したまま。「投資は危険、損する！」となるわけです。わざわざ損するシーンで、自らゲームオーバーにするのはもったいなさすぎます。とんだ「ひとり相撲」です。ひとりで滑らずに、相場とがっぷり四つに組み、生き残ってください。×「はっけよい　すべった　すべった」、○「はっけよい　のこった　のこった」。

投資をするのであれば、年月を味方につけてください。

歴史を振り返りますと、**暴落ですら味方につけることで、ピンチをチャンスに変えられる**可能性が高いのです。

②分散

2つ目のキーワードは「**分散**」です。

分散投資とは、特定の国や企業、業種ではなく、**世界中に幅広く投資をすること**で、リスクを最低限に抑えつつ、着実にリターンを確保する投資戦略として知られています。

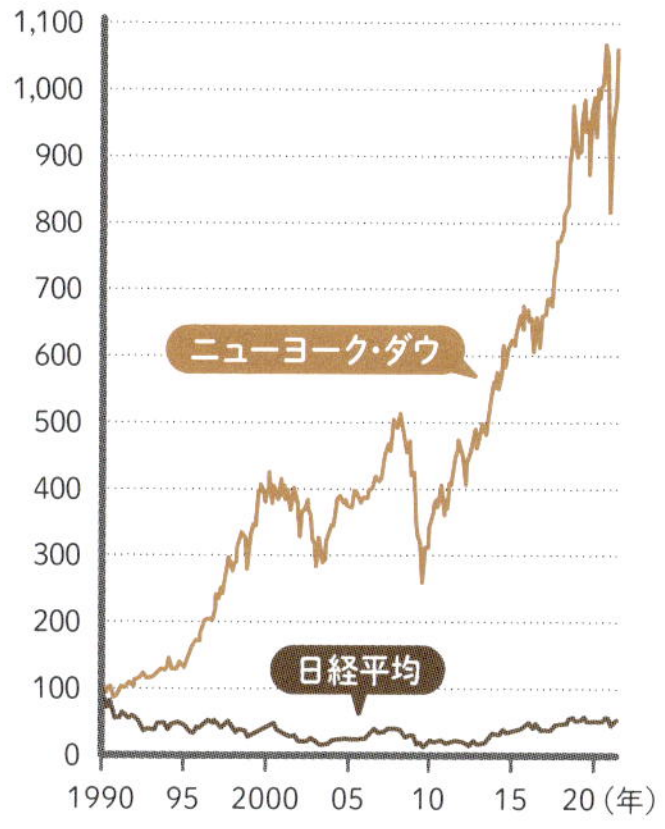

注：1989年末の値を100として指数化
出所：Bloombergのデータを基に作成

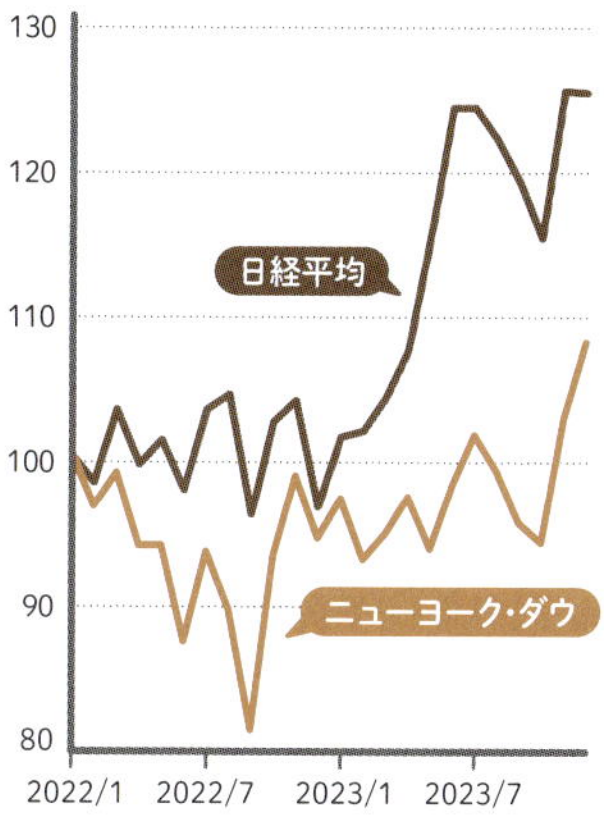

注：2022年1月末の値を100として指数化
出所：Bloombergのデータを基に作成

資産運用には、必ずリスクが伴います。ときに損をしてしまう可能性があるのです。

ここ数年、日本株が好調であるニュースがよく流れます。２０２２年の日本株は高配当株が堅調でした。２０２３年には日経平均株価が上昇してバブル期以降の高値を更新し、２０２４年には34年ぶりに史上最高値を記録しました。対して、米国株は２０２２年から２０２３年は難しい展開でした。

しかしながら、それ以前の超長期で見ると、米国株は歴史的に成長してきました。２０２４年も好調でした。

話を日本に戻し、１９９１年のバブル

崩壊以後、２０１２年のアベノミクスまでは「失われた20年」で、日本経済は成長を忘れていました。

個別株はどうでしょうか。全資産を1つの企業にだけ投資した場合、業績不振や不祥事などにより株価が暴落すれば資産を失います。日本企業による不祥事のニュースは珍しくありません。

また、複数の企業に分散投資していたとしても、それが同一の業種だとしたら好ましくありません。たとえば、半導体株は同じ動きをすることが多く、いくら10銘柄持とうと半導体株だけでは危険です。

この例だけでも、**特定の国や企業、業種に依存した投資をするということには、大きなリスクがある**ことを理解してもらえると思います。

しかし、世界中のさまざまな国や企業、業種に分散して投資をしておけば、ある資産が価値を下げたとしても、ほかの資産がそれをカバーしてくれる可能性があります。

たとえば、日本経済が低迷しようとも、米国経済は成長を続けているので、双方の資産に投資をしていれば、リスクを効果的に抑えることができるのです（米国の経済は成長を続けていますし、米国企業は世界で稼ぐ力を持っていますので、米国企業だけに分散投資

「ただし、多くの企業に分散投資すること」という選択肢もあります。米国企業はいい意味で特殊なのです）。

世界経済は（好景気と不景気を繰り返しながらも）中長期的に成長を続けてきたので、今後も世界経済が成長し続けるという前提に立てば、**分散投資をすることはとても理にかなった方法**だと言えます。

③積立

3つ目のキーワードは、**「積立」**です。

これは「長期」と「分散」と同様、非常に重要な考え方です。

（投資は「感情に左右されない工夫」が必要）

あなたは日常的に、値上がりしている商品は購入を控え、値下がりしている商品は多めに買う、という消費行動をしていると思います。人間として、至極当たり前な行動です。

しかし、これがこと金融商品になると、その**「当たり前の行動」を取れなくなるのも、また人間**なのです。

「損をしたくない」という人間の本能的な感情から、本来は相当値上がりしている割高な株を、「もっと上がるのではないか」と期待して買ってしまったり、本当は値下がりしている割安な優良株を、「もっと下がるのではないか」と売ってしまう人が多くいます。

この「損をしたくない」という人間の感情は、「プロスペクト理論」という行動経済学の理論をもって証明されています。

ここで、みなさんに質問です。

A：100万円が無条件で手に入る

B：コインを投げて、表なら200万円手に入るが、裏なら1円も受け取れない

この2つの選択肢を提示されたとき、あなたはどちらを選ぶでしょうか。

多くの人は、Aの選択肢を選ぶそうです。しかし、**期待値はどちらも100万円**。では、どうしてAの選択肢を選ぶ人が多いのでしょうか（と言いながら、私もきっとAを選びます（笑））。

これは、**人間は「得をすること」を喜ぶ以上に、「損をすること」を恐れる**傾向があるからです。たとえ200万円を手にできる可能性があっても、1円も受け取れない、つまり「損をする」恐怖から、Aの選択肢を選ぶのです。

こうした**本能的な感情に揺さぶられないために、積立投資が効果を発揮**します。

積立投資とは、たとえば「月に一度」などの決まった間隔で、同じ金額をコツコツと投資に充てていく投資戦略です。これにより、**株価（価格）や為替相場などの一時的な動きに左右されず、淡々と資金を積み立てる**ことができます。

ここで心強いエビデンスをご紹介します。金融庁のNISAの解説資料では、国内外の株式・債券に長期・積立・分散投資をした場合、20年継続（1989年以降のデータ）すると**勝率がほぼ100％になる**というデータを公開しています。その間にリーマン・ショックがあったのにです。それくらい、長期・分散・積立は強力な投資戦略なのです。なお、本書は年率5％の複利運用を目指すため、主に株式（投資信託など）を扱います。

「安いときに買う」は「積立」で実現できる

積立とは、株価（価格）や為替相場などの一時的な動きに左右されず、淡々と資金を積み立てるための投資戦略だと説明してきました。要は、均《なら》すことでリスクを減らすというものです。

しかし、欲を出せば、**価格が安いときにたくさん購入し、価格が高いときは少なめに購入できたら**、もっともっと負けにくい投資ができるようになるはずです。さすがにそれは難しいよね……と思うでしょうが、ここには**魔法のような方法**があります。

その名も**「ドル・コスト平均法」**。「欲を出したら負け」が投資の掟ですが、こればかりは正攻法です。

投資信託などの金融商品は、日々価格が変動します。価格のチャートを見続けていれば、安いときに買い続けることができるかもしれません。しかし、すでに説明したとおり、感情に左右されて正しく投資ができなくなるのが人間の性《さが》です。チャートを見続ける時間もムダ！

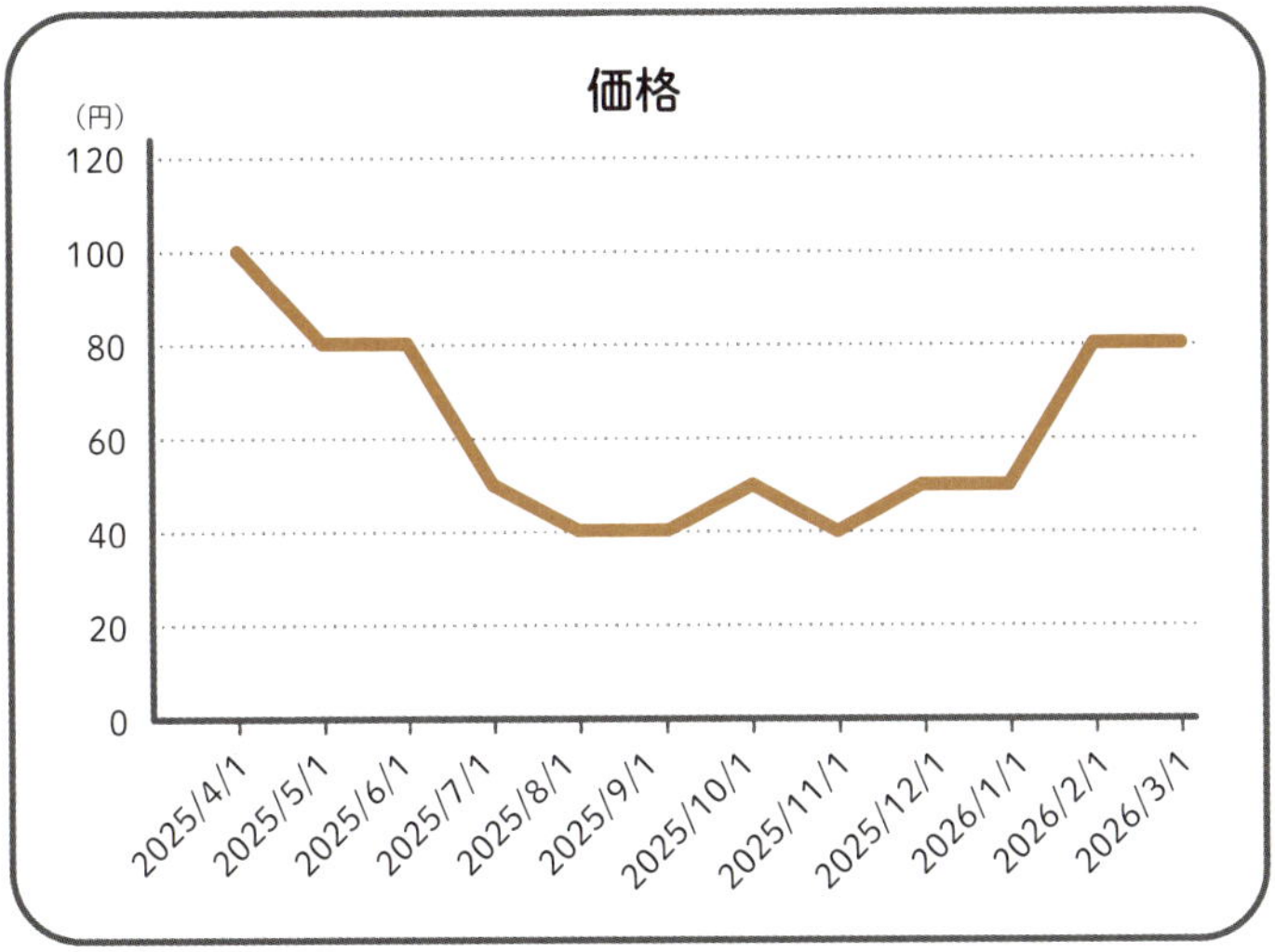

これを避けるために、**価格が変動する金融商品を、一定の金額で（＝定額）、一定の時期に（＝定期的に）買いつけるのが、積立投資**です。

買いつけ金額を一定にしておけば、**価格が安いときには買付量が必然的に多くなり、価格が高いときには買付量が少なくなる**ので、**平均単価を抑える**ことができます。専門用語を使えば、これをドル・コスト平均法と呼びます。

ドル・コスト平均法をより詳しく理解するために、上のグラフをご覧ください。これは投資信託の、1口あたりの価格変動を表しています（投資経験者なら、このような価格の投資信託はないと思う方もおられるかもしれませんが、わかりやすさを最優先して表現しています）。

このチャートで、２０２５年４月から２０２６年３月まで、毎月１日に１万円ずつ、12カ月で12万円を投資したと仮定します。

さて、２０２６年３月１日現在、あなたは得している（含み益がある）と思いますか？　それとも、損している（含み損がある）と思いますか？

価格が下がっても「得している」不思議

おそらく、直感的に**「損している」**と感じてしまうのではないでしょうか。だって、投資を始めたとき１口１００円だった価格が、その後下落し、結局**80円にまでしか戻っていない**のですから。

でも、まさかまさか、このケースでは、**あなたはしっかり得をしている**のです。

詳しく解説しますね。

投資信託の価格がいくらであれ、あなたは毎月１日に１万円ずつ積立投資していました。ドル・コスト平均法の考え方にもとづき、価格が安いときは多くの口数を買い、価格

年/月/日	価格(円)	当月買付口数(口)	保有口数(口)	積立額累計(円)	評価額(円)
2025/4/1	100	100	100	10,000	10,000
2025/5/1	80	125	225	20,000	18,000
2025/6/1	80	125	350	30,000	28,000
2025/7/1	50	200	550	40,000	27,500
2025/8/1	40	250	800	50,000	32,000
2025/9/1	40	250	1,050	60,000	42,000
2025/10/1	50	200	1,250	70,000	62,500
2025/11/1	40	250	1,500	80,000	60,000
2025/12/1	50	200	1,700	90,000	85,000
2026/1/1	50	200	1,900	100,000	95,000
2026/2/1	80	125	2,025	110,000	162,000
2026/3/1	80	125	2,150	120,000	172,000

が高いときは少ない口数を買っています（上の表参照）。

２０２５年４月１日は価格が高いので、１００口だけ（１００円×１００口＝１万円）買っています。価格がもっとも安いときには２５０口（40円×２５０口＝１万円）買っています。

２０２６年３月１日の時点で、投資信託の価格は１口80円です。しかし、初回投資した２０２５年４月１日は、１口１００円でした。直感的には、得をしているとは思えませんよね。２０２５年４月１日に比べて、投資信託の価格が20％も下落しているのですから。

しかし、詳しく計算してみると、その直感は間違いであることがわかります。

2026年3月1日までに**投資した金額は12万円**（1万円×12カ月）です。しかし、**評価額は17万2000円**（80円×2150口）になっています。実に、**評価額は投資額の約1・43倍、つまり5万2000円もの含み益がある**じゃないですか！

これが、ドル・コスト平均法のマジックです。

ドル・コスト平均法を使えば、**価格が下がれば多く買えるので嬉しい、価格が上がれば評価額が増えるので嬉しい、どちらでも喜べる**のです。

もちろん、いくらドル・コスト平均法を取り入れたとはいえ、万年右肩下がりの投資信託をつかんでしまえば、さすがに損します。

でも、安心してください。後述する私のお墨付き投資信託を購入すれば、そうした悪質な商品をつかむことはまずないはずです。世界の人口が増え続けるかぎりは、長期的には価格を上げていくだろう投資信託をご紹介します。

最初に目指すべきは年率「5%」の複利運用

本書では、最初に目指すべき目標として**「年率5%の複利運用で資産を増やしていく」**ことを掲げています。

ここで「メガバンクの定期預金金利が年率1%に満たない時代に、資産を年率5%で複利運用できるのか?」と疑問に思う方がいるかもしれません。

ずばりお答えしますと、**実現性はかなり高い**です。世の中には「利回り20%を確実に受け取れる、しかも元本保証」なんて投資詐欺も存在しますが、長期での年率5%の複利運用は現実的です。

事実、米国株を含んだ投資信託（詳しくは第4章で説明します）には、高いパフォーマンスを実現しているものが複数あります。

たとえば、ニューヨーク証券取引所とナスダックに上場する銘柄のうち米国のエース級企業500銘柄を投資対象とした「S&P500」（投資家には、ニューヨーク・ダウより人気があります）の関連商品は長期的に大きく成長しており、**年率5%を優に超える実**

S&P500の推移

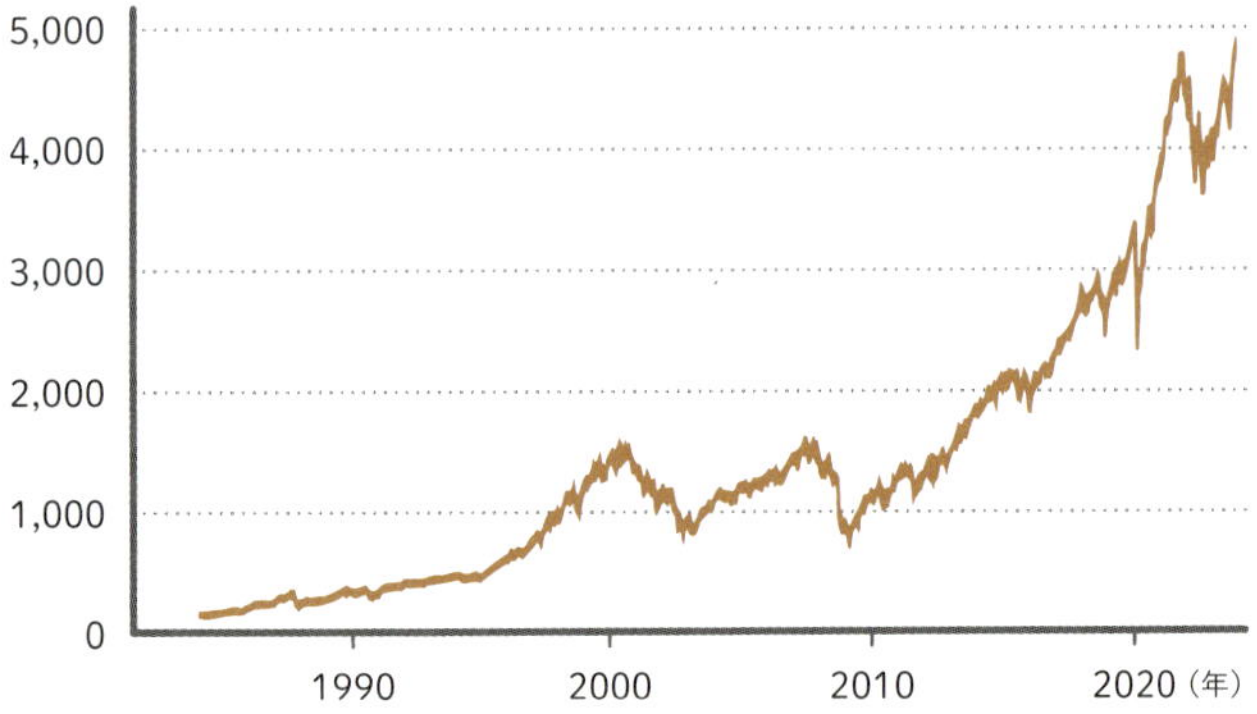

出所：Bloombergのデータを基に作成

績を叩き出しています。

年率5%を実現するには、非常に再現性の高い金融商品です（上のグラフ参照）。

基本的に、投資は**再現性の高い商品を選ぶ**必要があります。

再現性とは、誰がその手法で投資しても、同じような一定の成果が残せるということです。ゆえに、宝くじや競馬など、ギャンブルは話になりません。不確実性があまりにも高く、当選確率が低いからです。流行している暗号資産（仮想通貨）も、先行きは読めないという意味ではギャンブルに近いととらえていただいてかまいません。

SNSや身近な人から「ギャンブルで儲けた」という話を聞く機会もあると思いますが、それらの大半は生存バイアス（成功した人が声高に発信して、それが目立っているだけ）です。

一見、美味しい話にも思えますが、欲を出して一攫千金を狙ってはいけません。**再現性が低い時点で、投資ではなくギャンブル**です。ご経験がある方も多いでしょうが、高確率で失敗します。

誰かが得をし、誰かが損をするゼロサムゲームには手を出さないようにしましょう。まして、胴元に「寺銭」を抜かれるため全員の取り分を合計してもマイナスになるマイナスサムゲームは言うまでもありません。複数回参加すれば必ず損をします。

投資を経験したことがない人からすると、難しい話が続いてしまっているかもしれませんが、本書を最後まで読めば再現性を持って「年率５％の複利運用」を実現できる可能性が高まります。特殊な知識も、特別な能力も、夜を徹した猛勉強も必要ありません。諦めずに、ついてきてください。

投資は「1日1000円」だけでもいい

「長期・分散・積立」というセオリーをインプットしたところで、**いったいどれくらいの期間で資産5000万円を目指せるのか**、具体的に計算してみましょう。

当たり前ですが、毎月どれだけのお金を投資に充てられるかによって、目標である資産5000万円を達成するタイミングは変わってきます。毎月投資する金額を増やせば増やすほど、目標を達成するまでの時間は早まる可能性があります。

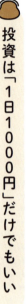

しかし、無理やり生活を切り詰めると、いまこの瞬間を楽しめない人生になってしまうかもしれません。「投資そのものが人生最大の趣味である」という人は、稼いだお金のほとんどを投資に回せばいいと思いますが、多くの人はそうではないはずです。

将来に備えつつも、「いま」を楽しむことは大切です。

彩りのある人生を歩みながらも、将来にも備える「二刀流」をお勧めします。本書では、それを可能にする資産形成法を解説します。

第2章で紹介した「価値のランクづけ」の考え方に従い、また、ご自身の懐事情と相談しながら考えてみてください。

（月5万円×12カ月×33年×年率5％で複利運用＝5026万円）

年率5％で複利運用すると仮定した場合、**22歳から月5万円の積立投資を始めると、55歳で資産5000万円を達成**できます。これを**32歳から始めた場合、65歳で資産5000万円を超える**計算になります。話題になった「老後2000万円問題」も気にする必要はありません。

（月3万円×12カ月×41年7カ月×年率5％で複利運用＝5013万円）

投資ハードルを下げ、**月に3万円（1日1000円）の積立投資をする場合、22歳から始めると63歳で資産5000万円に到達する**計算になります。月々の投資を少なくしても、早く始めれば定年前に引退してもお金に困りません。

（1日500円×365日×38年×年率5％で複利運用＝2037万円）

投資のゴール（目標）を下げ、2000万円に設定するなら、1日500円のワンコイン投資でも達成可能です。**月に1万5000円の積立投資をすれば、22歳から始めると60**

歳、27歳から始めると65歳で2000万円に到達します。32歳からでも70歳、まだ健康年齢です。年月と複利を味方につければ、小銭もバカにできません。

毎月5万円（年間60万円）の積立投資はハードルが高いと感じるかもしれませんが、そんなときは分解して考えてみてください。

毎日1000円（毎月3万円）を投資に回せば、年間で36万円分を確保できます。これに半期ごとの賞与をそれぞれ11万円ずつ投資に回せば、合計で58万円になります。最後に、年末調整の還付金（もしくは決算賞与）から2万円を投資に回せば、60万円に到達します。毎月平均5万円です。

実は、**いまこの瞬間に苦痛を感じるほどの我慢をしなくても、投資はできる**。これが、私が推奨する、背伸びをする必要がない、等身大の「ゆとり投資」です。

第3章のまとめ

投資についての基礎知識を獲得できたところで、第4章から、いよいよ本格的に投資戦略についてお伝えしていきます。価値のランクづけを行い、目的不明金を洗い出し、投資の種銭を得たあなたは、もうすでに投資家としての一歩を踏み出す直前まできています。

私が推奨する投資戦略は、安定的な資産運用をベースとしつつ、一部では積極的な投資スタイルを取り入れた、「コア・サテライト戦略」です。これを理解し、行動に移せば、「5000万円+αの資産」、あるいは「お金に困らない将来」を手に入れたも同然。5000万円でいいなら、「サテライト投資」なしでも可能です。

さあ、投資の世界へ踏み出そう！

第4章
コアを固めて負けないポートフォリオをつくる

投資の70%以上をコア投資に向ける

第4章では、コア・サテライト戦略のうち、**リスクを最低限に抑えて安定的にリターンを狙う「コア投資」**について解説します。サテライトは「攻めの資産」であるのに対し、コアは**「守りの資産」**です。

「コア投資」を理解することなくして、資産5000万円を安定的に目指すことは不可能です。博打をせず、再現性高く資産を構築するためには、「コア投資」を理解することが絶対的に必要です。

そのうえで、第5章の「サテライト投資」を学びましょう。あなたが若くて、特にFIREを目指しておらず、5000万円あればいいのなら、「サテライト投資」自体が不要かもしれません。

逆に言えば、**「コア投資」を理解し、実践すれば、投資家として安定的にリターンを出せる**ようになります。

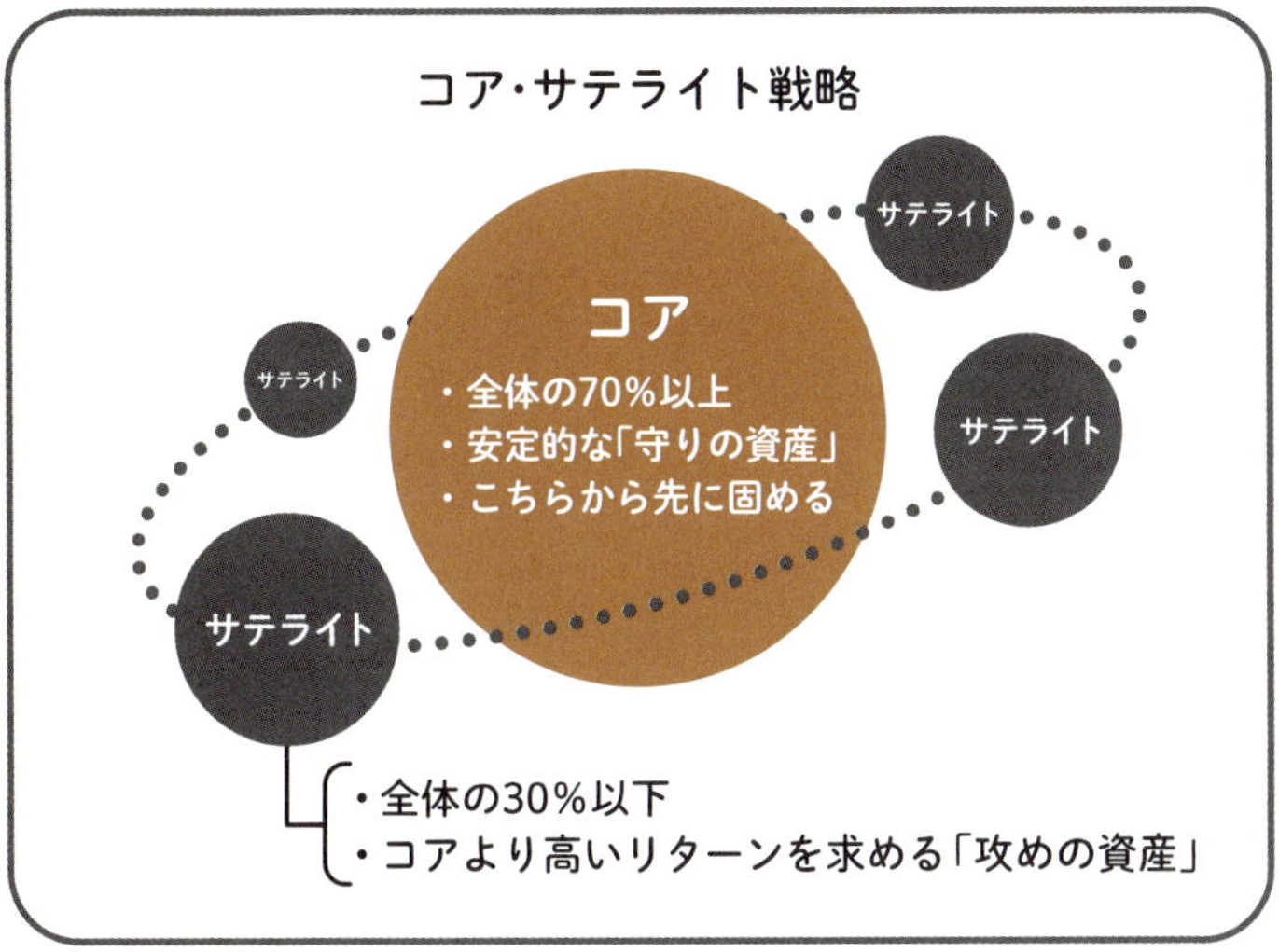

コアとサテライトでバランスを取って運用することで、**全体ではリスクを抑えつつも、市場平均よりも高いリターンを得る**ことを目指します。仮にサテライトの投資先で急落が起きても、コアがしっかりと土台を築いているため、ポートフォリオ全体へのダメージを小さくすることが期待できるのです。

コアとサテライトの配分は自由ですが、**少なくともコアが大半を占めるようにすべき**です。目安としては、**70%以上をコア**にしましょう。投資初心者であるほど、コアの比率を高めてください。サテライトを増やすのは、経験を積んでからでも遅くありません。

コアとサテライトの投資先（銘柄）を考えるときには、**先にコアを決める**べきです。安定的な「守りの資産」を固めなければ、リスクを許容する「攻めの資産」は決められません。

コア投資は「投資信託」で分散投資を

では、ポートフォリオの土台となるコアは、どのような銘柄を選べばいいのでしょうか。成長著しいベンチャー企業の個別株でしょうか。安定的に成長を続ける大企業の個別株でしょうか。

答えは、**「投資信託」一択**です。

投資信託とは、**たくさんの投資家から集めた資金を1つにまとめて、投資の専門家である運用会社が国内外の株式や債券などに分散投資を行い、その運用成果を投資家に分配する**

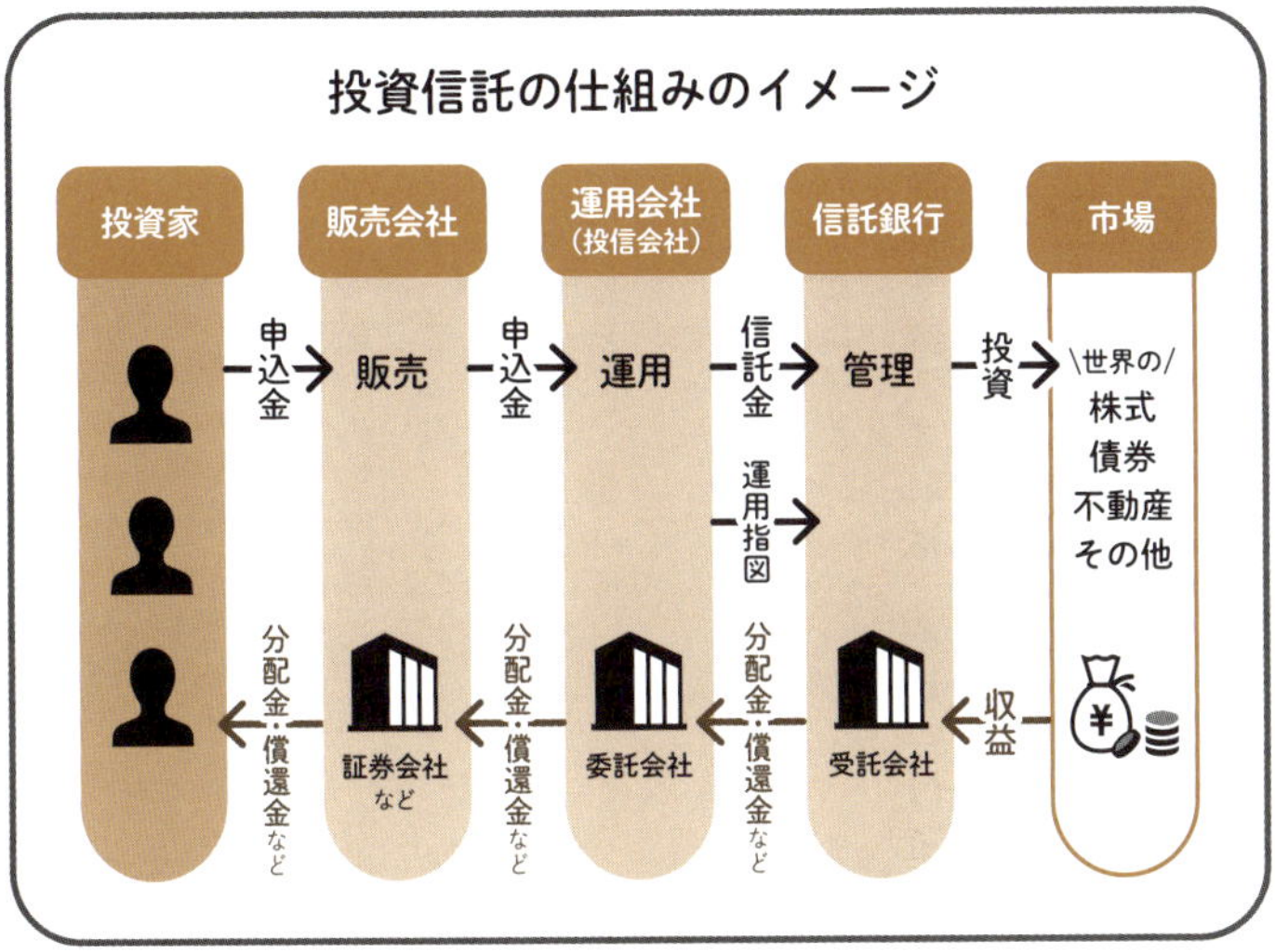

る金融商品を指します。

投資信託には多様な種類があります。全世界の企業に分散投資するものもあれば、米国企業や中国企業に特化したものなどさまざまです。最近では、気候変動に対応する事業を展開する企業の株式に投資する商品なども出ています。

投資信託の中身は運用会社（つまり、投資の専門家）が選定しているので、自分で銘柄を分析する必要はありません。基本的に優良銘柄が選定されているので、**購入すれば、あとは「ほったらかし」でOK**です。

少額から始められるのも特徴で、ネッ

ト証券なら100円から購入できます。スマートフォンでも「ポチッ」と購入できるので、手間がかかりません。一度設定してしまえば、毎月や毎日などの一定の間隔で自動買付も可能です。

投資信託の最大の特徴は、**すでに分散投資がされている**という点です。

たとえば、著名な「S&P500」であれば、ニューヨーク証券取引所とナスダックに上場する米国企業のうち、エース級の500銘柄を対象としています。世界で稼ぐ力がある企業（Microsoft、Apple、Amazon、NVIDIAなど）が名を連ねています。

第3章で解説した「投資のセオリー」を思い出してください。キーワードの1つに**「分散」**がありましたよね。

投資信託を購入すれば、それだけで分散投資をクリアすることが可能になります。特に、世界で稼ぐ米国のエース級企業群の「S&P500」や全世界を対象として優良企業を集めた「オルカン（=オール・カントリー）」の投資信託を購入すれば、それだけでコアの土台を築けるでしょう。

もしも、投資信託に組み入れられている銘柄がいくつか倒産したとしても、あなたの資産がゼロになるようなことはありません。そのほかの優良銘柄が、損失をカバーしてくれます。

また、まともな投資信託を選んでいれば、そもそも倒産リスクのある銘柄が組み入れられる可能性は低いです。加えて、ある時点から「優良銘柄ではない」と判断されれば、組み入れから除外されます。

つまり、あなたは、**正しい投資信託を選択さえすればいい**のです。知識や経験がなくとも、それだけで再現性の高い投資ができるようになります（私が推奨する投資信託は後述します）。

「安いときに買う」を「積立」で実現する

ここで思い出したいのが、もう1つのキーワード**「積立」**です。

積立とは、株価（価格）や為替相場などの一時的な動きに左右されず、**淡々と一定額を**

積み立てていく投資戦略でした。均《なら》すことでリスクを減らすと同時に、価格が安いときにたくさん購入し、価格が高いときは少なめに購入するという「魔法」を実現できるのでしたね。

私はこの「ドル・コスト平均法」に、さらに独自に「＋α」をお勧めしています。**価格が暴落したタイミングで「＋α」の買いつけをする**のです。

こうすることで、優良銘柄をお得に買い足すことができます。

これが、私が提唱する**「ドル・コスト平均法＋α」**です。この「＋α」をトッピングすることで、暴落から復活する際のリバウンド力をより多く享受することが可能となり、**初心者よりもちょっとだけ得する**ことを目指します。

どのくらい暴落したときに、どれだけ追加（＋α）すればいいのか？　これは、投資経験とともに相場観がついて肌感覚でわかるようになるものですし、個人の懐事情によっても出せる額やタイミングが異なってきます。

投資していれば、年に一度は大きく下落することが必ずあります。数年に一度はもっと大きく下落します。より長いスパンでは「〇〇ショック」と呼ばれるものが来ます。そのときを狙いましょう。

「長期」で見れば価格は上昇傾向にある

次に、もう1つのキーワード**「長期」**もおさらいしておきましょう。「S&P500」と「ニューヨーク・ダウ」の長期チャートをご覧ください（次ページのグラフ参照）。

細かく区切って見てみると、数年間、下落相場が続いていたこともあります。この期間で短期投資を行うのであれば、利益を出すには知識、経験、テクニックが求められます。

しかし、目を細めて、長い視点で見てみてください。リーマン・ショックやコロナ・ショックのような**世界的不況が起こっても、やがて価格（株価）は復活し、高値を更新して**います。これが、長期投資がセオリーである理由です。

S&P500の推移（再掲）

出所：Bloombergのデータを基に作成

ニューヨーク・ダウの推移

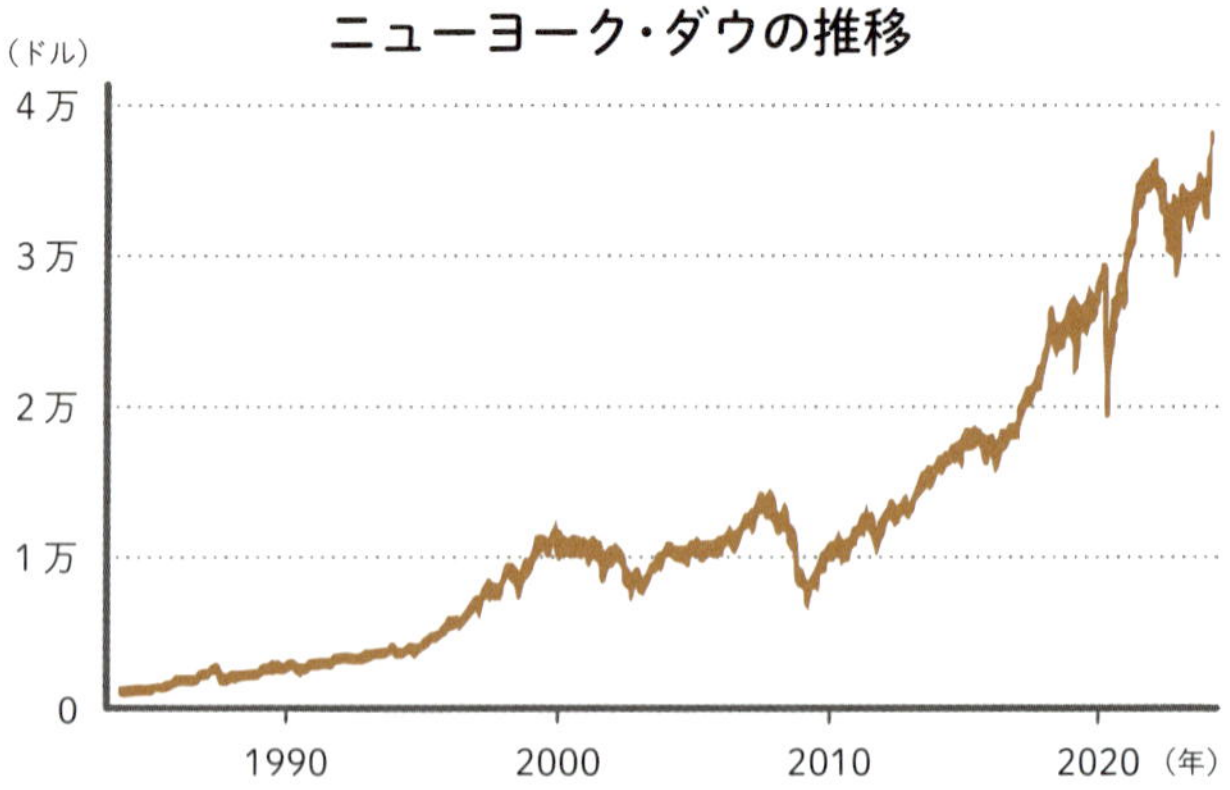

出所：Bloombergのデータを基に作成

もちろん、これは過去の実績であり、将来も保証されるものではありません。それでも、これだけのショックを乗り越えてきた事実には心強いものがあります。世界の人口が増えていくので、世界経済も成長するであろうこと、価格（株価）も連動していくだろうことも前述のとおりです。

押さえておくべき投資信託のリスク

「コア投資」に適した投資信託を購入すること、その際はドル・コスト平均法を用いることが大原則だとお伝えしましたが、もちろんリスクも存在します。

まずは「投資信託さえ買っておけばＯＫ」というのは真実なのですが、これから先＋αの投資にも踏み込んでいただきたいですし、何事にもマイナス面がありますので、投資信託およびドル・コスト平均法のリスクとデメリットも解説しておきます。

（投資信託のデメリット）

・元本保証がない……投資には元本保証がありません。つまり、投資したお金がマイナスになる可能性があります。

・手数料がかかる……投資信託を購入するたびにかかる販売手数料、投資信託を換金（＝解約＝売却）したときに発生する信託財産留保額、個人投資家に代わって投資・運用を担う運用会社に支払う信託報酬（投資信託を保有中に負担）といった手数料が発生します。なお、主要ネット証券では、販売手数料は通常は無料、信託財産留保額も多くの投資信託で無料です。

・リアルタイムで売買できない……個別株はリアルタイムで売買が可能ですが、投資信託は1日に1度価格（「基準価額」といいます）が決まるので、リアルタイムで売買できません。つまり、注文時にはいくらで買えるのかわかりません。いわば、寿司屋さんのカウンターのように「時価」で注文し、会計のときに価格がわかることになります。

とはいえ、必要以上に恐れることはありません。投資信託を構成する銘柄（個別株等）1つひとつの価格をベースに基準価額が算出されるので、無茶な価格にはなりません。

投資信託のリスク

・価格変動リスク……投資信託に組み入れられている銘柄（個別株等）の価格が変動する可能性のこと。組み入れられている銘柄の価格が下落すれば、投資信託の価格（基準価額）も下落します。その逆も然りで、組み入れられている銘柄の価格が上昇すれば、投資信託の価格（基準価額）も上昇します。

・為替変動リスク……為替レートが変動する可能性のこと。米国株に投資する投資信託は、円高になれば投資信託の価格（基準価額）がマイナスに、円安ならプラスになります。

・信用リスク……組み入れられている銘柄（企業）が倒産する可能性のこと。ただし、投資信託には多くの銘柄が組み入れられており、そのうち1社が倒産したとしても、投資信託の価値がゼロになるということはありません。

・カントリーリスク……投資対象国における、政治・経済情勢の変化、新たな規制や税制の変更などによって、影響を受けることがあります。

ドル・コスト平均法のデメリット

下落しない右肩上がりが続く相場であれば、一括投資のほうが明らかに有利です。10カ月かけて10万円ずつ購入するより、１００万円で一括投資したほうが、多くの口数を購入することができます。

しかし、一括投資をして急落に見舞われれば、大きな損失を被ります。そう考えると、リスクを低減できる「ドル・コスト平均法」もしくは暴落時に追加で投資する「ドル・コスト平均法＋α」は、やはり投資初心者にはお勧めの投資戦略です。

投資は、効率よく稼ぐこと、つまり数学的な考えだけでは語れません。人間にはメンタルがあるからです。

投資は「メンタルが9割」と言っても過言ではありません。平常心を失うと、誤った判断をしがちです。投資から退場することになるかもしれません。

慣れないうちは、「ドル・コスト平均法」（ないし「ドル・コスト平均法＋α」）で心穏やかに投資を重ねて、成功経験を積んでほしいと思います。

投資信託はどこで買うべきか

投資信託や個別株を購入する際は、証券会社で口座を開設する必要があります。

たくさんの証券会社がありますが、**サイトが使いやすく、手数料も安いネット証券がお勧め**です。ＳＢＩ証券、マネックス証券、楽天証券のいずれかを利用すれば間違いありません。

これら3社にそれほど大きな違いはありませんが、それぞれの特徴を記載しておきます。

・SBI証券……日本株と米国株はもちろん、合計10カ国の株式が購入でき、主要ネット証券のなかで取り扱い国数がもっとも多い。日本株にかぎれば、売買手数料が完全無料（条件あり）。NISA口座においては米国株の売買手数料も無料。その際に通常は必要な米ドルの為替手数料も無料。

・マネックス証券……情報ツール「銘柄スカウター」が秀逸。日本株、米国株、中国株で、過去10年またはそれ以上の決算や配当履歴が見られるので銘柄分析に便利。外国企業の情報が日本語で見られるので、私は個人的にも重宝している。NISA口座においては、日本株も米国株も売買手数料が無料。

・楽天証券……取引画面の使いやすさに定評あり。日経テレコン（日本経済新聞社が提供するサービス）が無料で使えるので、『日本経済新聞』が閲覧できる。SBI証券に次ぐ、日本株および米国株を含む7カ国を取り扱っている。日本株の売買手数料が無料になる「ゼロコース」がある。加えて、NISA口座では日本株も米国株も売買手数料は無料。米ドルの為替手数料は無料。

口座開設はネット上で完結します。マイナンバーカードが必要で、マイナンバー通知カードを使用する場合は、本人確認書類として運転免許証なども必要になります。

また、口座を開設する際は、基本的に**「特定口座・源泉徴収あり」**を選択してください。証券会社が利益に対する税金の計算をして、勝手に源泉徴収してくれます。会社が給与支給時に所得税や住民税を勝手に計算してくれるのと同じです。

ちなみに利益にかかる税金は、利益の20・315％です。内訳は所得税15％、住民税5％、復興特別所得税0・315％になっています。

もちろん、**非課税で運用できるNISA口座も同時に開設しましょう**。利益に課税される特定口座よりも、非課税のNISA口座を優先して使うのは言うまでもありません。

銀行で投資信託を買うのはお勧めできない

銀行でも投資信託を購入できますが、**ネット証券に比べて手数料が高い傾向にある**のでお勧めできません。銀行とネット証券の手数料の差額は一見すると微々たるものかもしれませんが、塵も積もれば山となります。ここで節約したお金も、投資に回してしまいましょう。

また、銀行は取り扱う商品数が多いわけでもありません。証券会社よりも銀行に馴染みがある人が多いので、「いつも利用している銀行で購入したい」と思うかもしれませんが、より選択肢の多い証券会社を選んでください（銀行では原則、個別株を買えないのもデメリットです）。

さらに、ネット証券ではなく人が窓口にいる金融機関（銀行や証券会社）の場合、**あなたではなく金融機関が儲かる商品を紹介される可能性がある**こともお伝えしておきます。

「金融のプロ」と「金融商品を売るプロ」は違います。「人柄がよさそうだから、お任せしたい」「私よりも詳しいはずなので、いい投資信託を紹介してくれるだろう」と能天気に考えていると、痛い目を見るかもしれません。

彼らは商売をしていて、自らの給料は自ら稼がなければならない立場ですし、営業成績を競わされているわけですから、あなただけに都合のいい商品を紹介してくれるとはかぎりません。全員が「悪魔」だとは決して申しませんが、やはり、**ネット証券一択**です。人を介さないので手数料が安いことも魅力です。

NISAとiDeCoをフル活用せよ

投資をするのであれば、**NISAとiDeCo（イデコ）をフル活用**してください。利益に対する税金がまったくかからないという、素晴らしい制度です。第3章でキーワードを3つ（長期・分散・積立）紹介しましたが、**4つ目のキーワードとして「非課税」をあげてもいいくらい大切**です。

利益には**「譲渡益」**と**「分配金（配当金）」**の2つの種類があります。

譲渡益とは、投資信託（もしくは個別株など）を売却したときに得られる利益のこと。わかりやすく言えば「値上がり益」です。

投資信託の価格を「基準価額」といいます。投資家が投資したときの基準価額より、売却するときの基準価額が上回れば、譲渡益が出ます。

分配金とは、運用会社が投資信託の運用によって得られた利益を、決算ごとに投資家に分配するお金のことをいいます。ただし、分配金を出さずに再投資することで、基準価額の成長を狙うケースが多いです（投資信託では「分配金」というのに対して、個別株では「配当金」といいます）。

この譲渡益と分配金（配当金）に対して、本来であれば**20・315%の税金**がかかります。しかし、**NISAとiDeCoを通じた投資は非課税になる**のです。

特に2024年から始まった新NISAは〝**神NISA**〟と表現するのが妥当なほど、私たちの投資を楽にしてくれる制度です。私が若いころには、こんなにもありがたい制度は存在しませんでした。

あまりにうらやましく、もしこれらの制度を利用していたら、もっと楽に資産形成できたのではないかと思います。

……たられば話をしても仕方がありませんね。何が言いたいのかといえば、**使わない理由が一切ない**ということです。

巷にはNISAとiDeCoを解説した書籍がたくさん出版されていますし、ネットで検索するとそれぞれの違いが簡単に調べられるので、本書では詳細な解説はしません。概要のご紹介に留めておきます。

また、NISAに関しては、拙著『お得な使い方を全然わかっていない投資初心者ですが、ＮＩＳＡって結局どうすればいいのか教えてください！』（すばる舎）をご覧いただければ、新制度のルールやその活用法、投資の出口戦略などについて詳しく理解していただけると思います。

これから投資を学んでいきたい方は、ぜひチェックしてみてください。

いまさら聞けないＮＩＳＡの概要

ＮＩＳＡとは、国全体での投資を促進するために、個人の利益（譲渡益、分配金・配当金）に対してかかる税金を非課税にできる制度です。英国のＩＳＡ（Individual Savings Account）という制度を参考につくられており、これにNipponの「Ｎ」を加えてＮＩＳＡ（Nippon Individual Savings Account）と名付けられました。

これまでは「少額投資非課税制度」と呼ばれてきましたが、２０２４年から始まった新制度（新ＮＩＳＡ）によって利用限度額が大幅に上がり、なんと**１８００万円（簿価）**まで利用可能になっています。もう「少額」なんて言ったらバチがあたります。元本が１８

新NISAのイメージ

出所：金融庁Webサイト 新しいNISA｜金融庁（fsa.go.jp）

	つみたて投資枠	併用可 成長投資枠
年間投資枠（年間の投資上限額）	120万円まで	240万円まで
非課税保有限度額（総枠）（生涯の投資上限額）	1,800万円まで 「つみたて投資枠」だけで1,800万円使い切ることも可	1,200万円まで（内数） 「つみたて投資枠」を使わず、「成長投資枠」だけで1,200万円使い切ることも可
非課税保有期間	無期限	無期限
投資対象商品	長期の積立・分散投資に適した一定の投資信託（金融庁の基準を満たした投資信託に限定）	株式投資信託※、国内株、外国株、国内ETF、海外ETF、REIT（不動産投資信託）

※本書では、「株式投資信託」を単に「投資信託」と表記します

００万円までなら、本来利益に対して発生する20・３１５％の税金がかからなくなるのです。

より実践的に解説してみますね。

ＮＩＳＡ口座にて、毎月５万円を積立投資、年率５％で30年間複利運用したとします。**投資額は合計で１８００万円**になります。**30年後の評価額は４１６１万円**ほどです。

ここで売却すれば、本来は20・３１５％の税金がかかってしまいます。

・譲渡益：４１６１万円－１８００万円＝２３６１万円

・課税額：2361万円×20・315％＝479万6371円

課税額は「約480万円」と見逃せない額になりました。

しかし、**NISAを使えば、480万円の税金がかかりません**。毎月20万円で暮らすと仮定すれば、2年分の生活費にあたります。いわゆる「老後2000万円問題」の、およそ4分の1の額です。

いまさら聞けないiDeCoの概要

iDeCoとは、自分が拠出した掛金を自分で運用し、資産を形成する年金制度です。掛金は65歳になるまで拠出可能であり、積み立てた資産は60歳以降に一括または分割で受け取ることができます。受取額は積立金と運用損益の合計になるため、運用成果に応じて変動します。

掛金は毎月5000円から1000円単位で選ぶことができ、国民年金の被保険者種別、および他の企業年金の加入状況により、掛金額の上限が異なります。

ＮＩＳＡとｉＤｅＣｏの最大の違いは、いつでも引き出し（売却）ができるかどうかです。ＮＩＳＡは資金の引き出しがいつでも可能なのに対し、**ｉＤｅＣｏは60歳まで原則、引き出し不可**なのです。また、**ｉＤｅＣｏは掛金全額が所得控除の対象となり、所得税や住民税が軽減**できます。

ＮＩＳＡとｉＤｅＣｏは異なる制度なので、双方を同時に利用することができます。毎月の収支に余裕があるのであれば、ＮＩＳＡとｉＤｅＣｏを併用し、非課税制度をフル活用しながら資産形成を行っていくのが基本です。

どちらを優先するかは個人の好みの問題になるでしょう。

私は拘束されるのが嫌いなのでＮＩＳＡを使っています。むしろ拘束されたほうが無駄遣いをしなくてすむのでいいと思われる方は、ｉＤｅＣｏを使えばいいでしょう。

投資信託は「米国株中心」を選ぶべき

たいへんお待たせしました。

「投資を始める前に知るべきこと」と「負けない投資の基礎知識」を頭に入れられたところで、**年率5％の複利運用を狙う投資信託**をご紹介します。

すでにお伝えしているとおり、投資信託には、全世界の企業に分散投資したものもあれば、米国企業や中国企業に特化したものなど、さまざまな種類があります。

それらのなかでも特に強くお勧めしたいのが、**米国株を中心とした投資信託**です。米国株は、リーマン・ショックやコロナ・ショックなど数々の金融危機を経験するも、時間をかけて復活し、高値を更新し続けてきた歴史を持っています。

日経平均株価もアベノミクス以降は成長してきましたし、２０２３年以降は好調に推移していますが、長期で見ると米国株の成長性にはほど遠く、米国株には強い信頼性があります。

日経平均株価は、日本経済新聞社が東京証券取引所プライム市場に上場する銘柄のなかから選定した２２５社で構成されています。この２２５社のなかにいったん組み込まれれば、たとえ経営状態が悪くなっても既得権益のごとく居座ることができる傾向にあります。

それに対して米国を代表する株価指数であるＳ＆Ｐ５００は、**経営状態が悪くなった銘柄はすぐに放り出されます**。そして、新たに優秀な企業が「入閣」します。こうして、常に優秀な企業のみが「入閣」できる状態が続きます。

つまり、新陳代謝が効いていることも、Ｓ＆Ｐ５００の強みなのです。

米国株が強い12の理由

ここで米国株の強さの理由を紹介しましょう。

①数々の金融危機を経験するも、高値を更新し続けてきた
②株主還元意識が強く、株主に報いる企業が多い
③世界で稼ぐブランド力のある企業が多数存在する
④あらゆる領域で世界トップの最先端技術を保有する
⑤カリスマ経営者の引退後も企業成長を牽引するプロ経営者が多数存在する
⑥企業のガバナンスが整っている
⑦世界の基軸通貨であるドルを有する
⑧世界最強の軍隊は米軍である

⑨人口が増加し続けている
⑩食料とエネルギー分野で高い自給率を誇る
⑪経済規模が世界一である
⑫強い政治力を持っている

経済だけではなく、政治においても世界の中心である米国は、やはり信頼が置けます。有事に直面しても、それを乗り越える強さを持っているのです。

米国株に投資をすると聞くと、遠い国のことというイメージからか根拠もなく危険性を疑う方もいらっしゃると思います。テレビでは投資詐欺の報道がされていますし、最近ではYouTuberが詐欺団体に突撃するなどしていて、不安に思うかもしれません。

しかし、安心してください。日本人が大好きなiPhoneは米国企業のAppleが販売しています。iPhoneでなければAndroid OSでしょう。それは米国企業のGoogleが開発したものです。また、調べ物をするときに利用する検索エンジンもきっとGoogleですね。財布のなかのクレジットカードにVISAかMastercardの刻印がきっとあるはず。それも米国企業です。

あなたが仕事で使っているであろうWordやExcelも米国企業のMicrosoftが提供しています（まさしく私もこの原稿をWordで執筆し、図解をExcelで作成しています）。休憩に訪れるStarbucksも、ランチで利用するMcDonald'sも米国企業ですし、自販機やコンビニで買うCoca-Colaも米国企業です。

ディズニーランドもWalt Disneyなので米国企業ですし、ディズニーランドに行く際に搭乗する飛行機がBoeingなら、それも米国企業です。

街を歩けば、ＮＩＫＥのスニーカーを履いている人やＮＩＫＥのＴシャツを着ている人をたくさん見かけますよね。ＮＩＫＥも米国企業です。汚れたＴシャツを洗濯する洗剤にＰ＆Ｇを使っていれば、それも米国企業です。

あなたがネットショッピングするときに使うAmazonも米国企業です。Instagramのアカウントを持っていれば、これもMeta Platformsという米国企業が運営しています。

米国企業はアメリカにとどまることなく、世界中でお金を稼いでいます。**とにかくにも信頼性が高い**のです。

ほぼ全世界において、米国企業抜きに生活しようとしても1日も持たないでしょう。試しに、平日のたった10時間だけでも、米国企業抜きの時間にチャレンジしてみてください。スマートフォンもＰＣも使えないということです。それはきっと、仕事も私生活も成り立たないことを意味します。

一方で、世界でお金を稼ぐ日本企業はどれほどあるでしょうか。トヨタ、ソニー、任天堂、ユニクロを展開するファーストリテイリング、信越化学工業……たしかに存在しますが、それでも米国企業には数でも規模でも劣ります。

投資をするなら、成長する企業に投資しましょう。第3章で紹介した、あの右肩上がりのチャートに乗るのです。

また、「米国株に投資する投資信託」は日本円で投資するとはいえ、実質的に米ドル建て資産を持つことを意味するので、**インフレ・ヘッジ**（物価上昇によって通貨の価値が相対的に減少するリスクを回避すること。日本円の価値が下がるリスクを回避できる）にもなります。

２０２２～２０２４年のような円安ドル高は、エネルギーも食料も輸入に頼る日本で暮らす我々にとっては、物価高となります。日本円だけで資産を持つともろに影響を受けてしまいますが、**米ドル建て資産を持つことで、物価高の影響を緩和できる**のです。

年率5％の複利運用を狙う投資信託

こうした前提を踏まえたうえで、私が推奨したいのは以下の投資信託です。

《全米株式》

・指数名称：CRSP USトータル・マーケット・インデックス

概略　米国に上場している株式の大半となる3500銘柄強で構成されています。大型株から小型株までカバーしています。

米国比率　100％

・投資信託：楽天・全米株式インデックス・ファンド
SBI・V・全米株式インデックス・ファンド

《S&P500》

・指数名称：S&P500インデックス

概略　最強の米国のエース級500銘柄で構成されています。

米国比率　100%

・投資信託：eMAXIS Slim　米国株式（S&P500）
SBI・V・S&P500インデックス・ファンド
楽天・プラス・S&P500インデックス・ファンド

《全世界株式》

・指数名称：FTSEグローバル・オールキャップ・インデックス

概略　小型株を含む、先進国、新興国の約1万銘柄で構成されています。

米国比率　約62%、2位：日本約6・2%、3位：英国約3・7%（以下、2024年4月末現在、各指数のファクトシートより）

・投資信託：楽天・全世界株式インデックス・ファンド
SBI・V・全世界株式インデックス・ファンド

オール・カントリー

・指数名称：MSCIオール・カントリー・ワールド・インデックス

概略 先進国、新興国の時価総額上位約3000銘柄で構成されています。小型株は含みません。

米国比率 約63％、2位：日本約5・4％、3位：英国約3・6％

・投資信託：eMAXIS Slim　全世界株式（オール・カントリー）
楽天・プラス・オールカントリー株式インデックス・ファンド
はじめてのＮＩＳＡ・全世界株式インデックス（オール・カントリー）

先進国株式

・指数名称：MSCIコクサイ・インデックス

概略 日本以外の先進国22カ国・地域の中型株・大型株約1200銘柄で構成されています。小型株は含みません。

米国比率 約75％、2位：英国約4・3％、3位：フランス約3・4％

・投資信託：eMAXIS Slim　先進国株式インデックス
ニッセイ外国株式インデックスファンド

たわらノーロード先進国株式

どれを選ぶか迷ったらこう決めよう

全米株式、S&P500、全世界株式、オール・カントリー、先進国株式と5つの選択肢を提示しました（以降、「5つの投資信託」と書きます）。多くの選択肢からここまで絞りましたが、それでもどれを選べばいいのか迷われると思います。大まかな選択基準を解説しておきます。

これまで、米国株のパフォーマンスが優良だったことはお伝えしたとおりです。

これからもずっと米国株が世界一だと思われるなら、全米株式かS&P500を選びましょう。将来的な成長に期待して小型株までカバーしたいなら全米株式、エース級に絞りたいならS&P500となります。

将来は新興国の企業が発展してくると予想するなら、全世界株式かオール・カントリーとなります。小型株まで含みたいなら全世界株式、小型株は除きたいならオール・カントリーがいいでしょう。

世界に分散したいけれど、新興国にはリスクを感じる方は先進国株式がいいでしょう。

ただし、この場合、日本は対象外となっています。日本にも投資したい場合は、東証株価指数（ＴＯＰＩＸ）に連動する投資信託にも投資すればいいでしょう。具体的な銘柄（投資信託）では、eMAXIS Slim 国内株式（TOPIX）やＳＢＩ・ｉシェアーズ・TOPIX インデックス・ファンドが候補になります。

全米株式、Ｓ＆Ｐ５００、全世界株式、オール・カントリー、先進国株式（MSCI コクサイ）のどれを選んでも、米国株比率が高い（もしくは米国株のみ）のが特徴です。米国株の成長は外せません。

過去の成績から、いずれも年率５％の複利運用のポテンシャルがあります。

ちなみに私は、２０２４年からの新ＮＩＳＡつみたて投資枠では、「eMAXIS Slim 米国株式（S&P500）」を購入しています。S&P500は10年のリターンが年率約12%（米ドル建て）もあります。S&P500と並んで人気のあるMSCIオール・カントリー・ワールド・インデックスは同9%です。MSCIコクサイ・インデックスは同約10%です（いずれも2024年4月末現在、各指数のファクトシートより）。ご参考まで。

なお、各指数で複数の投資信託を紹介しましたが（たとえば「全米株式」では2銘柄を紹介）、信託報酬（手数料）はできるだけ安い銘柄、純資産総額（簡単に言えば投資信託の規模）はできるだけ大きな銘柄を選びましょう。

リスクとの正しい向き合い方

これら5つの投資信託であれば、**年率5%の複利運用が期待できます**。しかし、2022年から2023年に至るような不調な相場があることも事実です。すべての期間で価格が上昇することはありません。

また、過去には数年ごとにリーマン・ショックやコロナ・ショックが発生するなど、価格が大幅に下落するシーンもありました。米国株はそれらを乗り越えて高値更新してきた歴史がありますが、過去の実績が、将来も保証されるとはかぎりません。

とはいえ、やはり地球の人口が増え続ける（＝需要増加）ことや人間が便利さを追求し続けること（＝イノベーションの原動力、そして新しい需要創造）を鑑みると、経済は成長し、企業も成長し、株価（価格）は上がると思います。

投資にはリスクが付き物です。繰り返しますが、元本保証はありません。しかし、逆に言えば、リスクを取るから、リターンが狙えます。ノーリスクならノーリターンなのです。

ここでドル・コスト平均法を思い出してください。価格が安いときは多く購入することができるので、ピンチはチャンスなのです。**価格が安ければ多く買えるので嬉しい、価格が上がれば評価額が増えるので嬉しい。**

どちらでも喜べることを繰り返しておきます。

もう「平均点」が取れる

本章で紹介した5つの投資信託は**インデックス・ファンド**の一種です。インデックス・ファンドとは、市場全体の動きを表す代表的な指数に連動した成果を目指す投資信託のことです。つまり、インデックス・ファンドに投資すれば、平均の成績が得られることになります。

したがいまして、**ここまで読まれたあなたは、もう市場平均＝「平均点」を取る知識を得たも同然**です。投資を始めた瞬間に平均点のパフォーマンスが得られるということなのです。それも、初心者のみの集団のなかでの平均点ではなく、**参加者全員のなかでの平均点**を取れるのです。投資経験26年の私も、いまから始めるみなさまも、同じインデックス・ファンドに投資すれば、平等に同じ平均点が取れます。

普通の人がいきなり平等に平均点を得るって、投資以外では考えられないことです。たとえば、野球の本を読んで野球を始めた瞬間に、プロからアマチュア、大人から子どもまでの全体の平均点が取れるということはありません。ビジネスもそうですし、料理もそうです。これは**投資だけの特長**と言えるでしょう。

余計な知識は不要

本章では、数ある投資信託から、優良な投資信託だけに絞って紹介しました。実は、投資信託の数（種類）は、約6000銘柄もあります。新NISAのつみたて投資枠の対象となる投資信託に絞っても300銘柄近くあります。

本章でせっかくここまで絞り込みましたので、**「ほかにどんな投資信託があるんだろう」という好奇心を持たれない**ことをお勧めします。なかには、手数料が高い投資信託も、市場平均を下回る投資信託も、値動きが激しい投資信託もあります。

約6000銘柄もある投資信託の「樹海」に迷い込むと、間違った投資信託を選んで損してしまったり、迷っていつまでも投資が始められず機会ロスを招いたりします。

ご紹介した5つの投資信託なら、**年率5％で複利運用できるポテンシャル**があります。投資を始めてすぐに、この波に乗れるだけで十分です。積立投資＋年率5％の複利運用＋

年月の威力はご説明したとおりです。
なので、よそ見は不要。余計な知識をつけて失敗しないでください。

いつまでも普通の人でいる

投資信託を買って**すぐに好成績を得ても、調子に乗らない**ようにしてください。
うまくいっているのは投資信託のおかげです。これを自分の力だと過信して（勘違いして）、「もっと儲けたい」とついついがちゃがちゃ動きたくなりがちです。その過信は捨ててください。**いろいろ動くときっと失敗します。**
あなたがすべきことは、本章をもとに選択した投資信託に、淡々とドル・コスト平均法で積立投資を続けることです。
いつまでも普通の人でいることに徹しましょう。

下落相場は一過性のノイズ

繰り返しますが、ここまで読まれたあなたは、もうすでに、投資で平均点を出せる状態にまで到達しています。**投資ではなく貯金を好む日本人の国民性に鑑みれば、もはや平均点以上を叩き出せる状態**だと言っても過言ではないかもしれません。

しかし、投資について理解をしても、それでも一歩を踏み出せない人もいます。「それでもまだ不安です」という方のために、よくいただく質問への回答を記載しておきます。

Q 株価を予想するのが難しそうです

A **予想しなくて大丈夫**です。予想してもいいですが、投資を26年続けてきた私でも、予想はできません。つまり、予想したところで、当たるとはかぎらないのです。いえ、当たらないと言い切れます。

投資信託に積立投資する場合は特に、**相場に張りついて、価格の上下をチェックする必要はありません**。ドル・コスト平均法を信じて、購入すると決めた投資信託を、一定の間隔・一定の金額で、長期にわたって買い続けてください。自動買付を活用しましょう。

右肩上がりのチャートに乗っかれば、あとは勝手にお金が育っていきます。

暴落したときは、＋α（この場合の「＋α」は、通常よりも多くの金額を投資するという意味）することで、より多くのリバウンドを取りにいってください。

Q 下落相場が怖いです

A 下落相場は一過性のノイズ

下落相場は一過性のノイズです。投資は人生を何十年とともにする長旅ですから、一過性のノイズに耳を傾ける必要はありません。

もちろん、数年ごとに暴落するタイミングはありますし、軟調相場（緩やかに市場相場が下がっている状況）も訪れます。

リーマン・ショックは有名ですし、近年ではコロナ・ショックがありました。2022～2023年には、米国株は軟調相場が続いていました。好まざる展開です。

しかし、このような状況にあっても、私は**投資信託の価格を気にすることなく積立投資**

をひたすら継続しています。

投資はメンタルが9割と言っても過言ではありません。いかに平常心でいるかが大切です。

あらためて、もう一度ドル・コスト平均法を思い出してください。**価格（株価、基準価額）が安いときはたくさん買っていけるので、リバウンドを取るチャンス**です。短期的に見るから、損をしているように思えてしまいます。長期で見れば見え方が前向きになることでしょう。

価格が下がれば安く買えて嬉しい、価格が暴落すれば＋αで安く仕込めて嬉しい、価格が上がれば資産が増えて嬉しい。このメンタルを忘れないでください。ドル・コスト平均法＋αならどれでも嬉しいんです（大事な考え方なので、繰り返しました）。

Q 勉強する時間がありません

A どうしても時間を捻出できないのなら、**勉強しなくて大丈夫**です。本書の内容を理解していただければ、それ以上に特別な勉強をする必要はありません。

本書を最後まで読み、正しい投資信託に、正しい方法で投資すれば、お金は勝手に育つことでしょう。お忙しいなら、「サテライト投資」の部分はいま読まなくても大丈夫です。
あなたはすでに、**投資の大原則である長期・分散・積立をクリア**できています。新NISAやiDeCoなら、利益にかかる税金が20・315％からゼロ＝タダになることも、説明したとおりです。

もちろん勉強は重要ですし、私はいまでも投資の勉強を続けています。しかし、サラリーマン時代はあまりに忙しく、投資の勉強時間を捻出するのがたいへんだったので、よくわかります。

本書は、当時の私のような人に向けて、とにかくわかりやすく、誰であっても平均点もしくはそれ以上を叩き出せる再現性の高さを追求してつくっているので、安心してください。

Q まだ若いので、リスクを取るのが怖いです

A 月5万円の種銭で、非課税制度を使い、投資信託への「ドル・コスト平均法」による積立投資を行って、資産5000万円を目指せるのは、**32歳以下の若いあなただからできることです。**

いま、50歳の人が同じことをしても、そこまでお金を増やすことができません。年月を味方にできないからです。お金が増える前に老後を迎えてしまいます。よって、毎月の種銭を増やす必要があります。

投資は、**始めるのが早ければ早いほど、ムリせずに成果を出せる**可能性が高まります。迷っている時間、開始時期を先送りする時間は「機会ロス」を意味します。1年でも、1カ月でも、1日でも若いうちに始めてください。そうすれば「ゆとり投資」でも十分に戦えます。

第4章のまとめ

「コア投資」について、ご理解いただけたでしょうか。キーワードは「長期」「分散」「積立」「複利」および「非課税制度の活用」です。

「コア投資」をするのに、特別な知識は必要ありません。あるとすれば、1日でも早く投資を始めるということくらいです。

投資の概念を理解し、証券口座を開設して、正しい投資信託を選んで積立投資を始めたら、あなたはすでに平均点を叩き出す投資にたどり着いたと言えるでしょう。購入する商品（投資信託）に迷ったら、本章で私が紹介した5つの投資信託を思い出してください。

さて、続く第5章では、いよいよ「＋α」（この場合の「＋α」は、①よりリターンが望める代わりにリスクが高くなる銘柄に投資して、大きな資産を生み出すことを狙う、または②配当金で「じぶん年金」をつくるという意味）を生み出す「サテライト投資」について解説していきます。

資産5000万円＋αへのゴールは、もうすぐそこまできています！

第5章

コア・サテライト戦略で投資のプロに勝つ

「サテライト投資」で平均点超えを目指す

第5章では、コア・サテライト戦略のうち、**ある程度のリスクを許容して高いリターンを求める「サテライト投資」**について解説します。コアが「守りの資産」であるのに対し、**サテライトは「攻めの資産」**です。

投資を理解し、「サテライト投資」ができるようになってくると、5000万円を超える資産形成も期待できます。

投資のプロである機関投資家は、短期（決算ごと）で成績を求められ、また下落相場でも成績を出さねばならず、ときにはどこかムリをした投資を強いられることもあり、必ずしも資産をプラスにし続けられるわけではありません。

しかし、私たち**個人投資家には決算という概念がありませんので、ムリをする必要がありません**。下落相場において短期で成績を出す必要もありません。長期で資産形成できればいいわけで、これは大きな強みです。

コアとサテライトの組み合わせにより、長期でゆとり投資を実践するあなたなら、**プロ**

の投資家に勝つこともできるかもしれません。

「サテライト投資」は、平均点を叩き出す投資に加えて、「＋α」を目指す投資戦略であることは、これまでにもお伝えしたとおりです。ここで「＋α」として、2つの方向性をご提示します。

まずは、**高いリターンを追求し目標である5000万円を超える資産の構築**を目指す方向性で、これが一般的な「サテライト投資」と言えます。もう1つは、**目標である5000万円の資産構築に加え、「じぶん年金」をつくる**もので、前者のリターンには劣るでしょうが、私が好むやり方です。

順番に解説していきましょう。

5000万円オーバーを目指す

5000万円を超える資産構築を目指すのであれば、**年率5％を超える複利運用**が必要

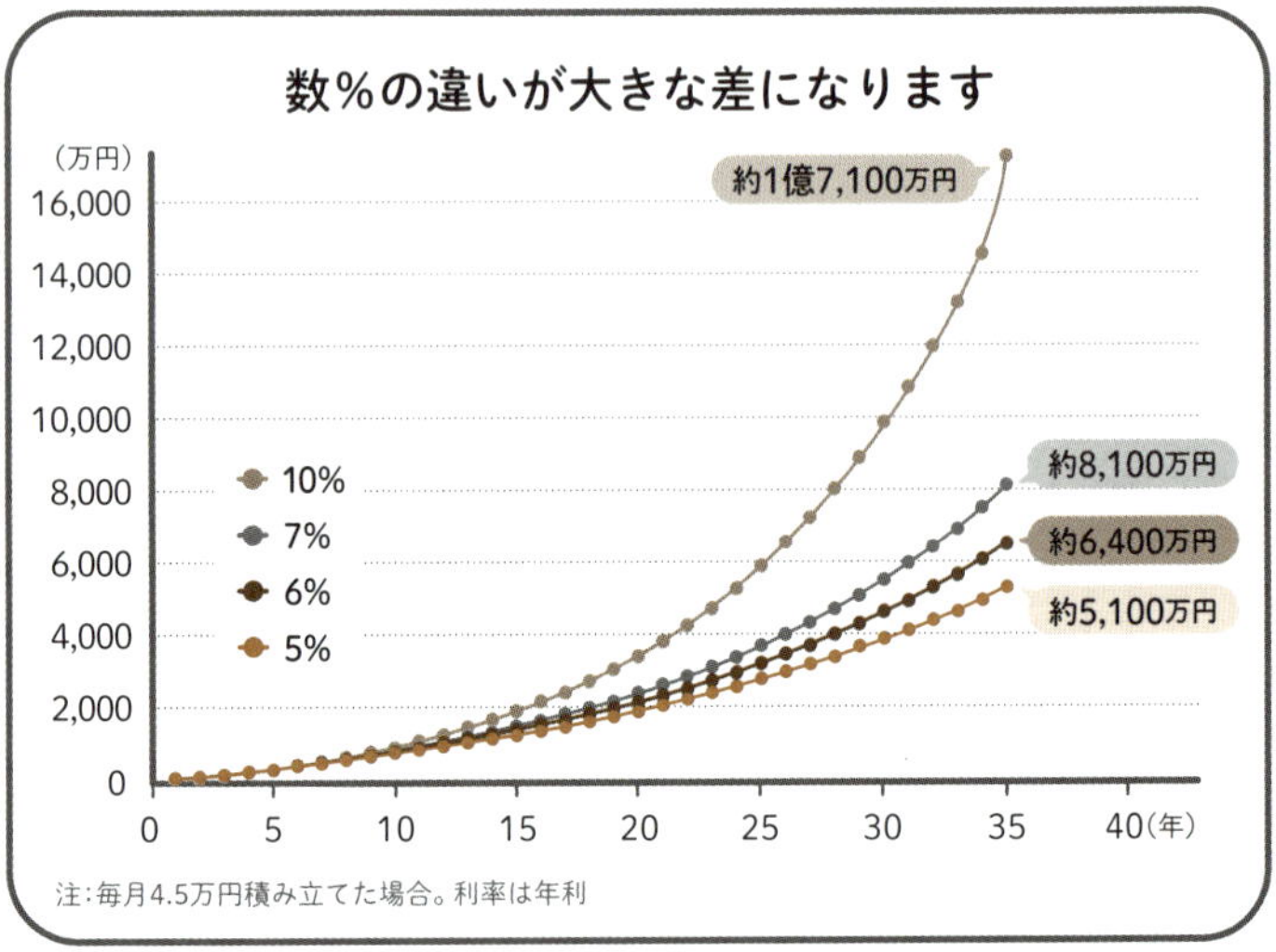

になります。

年率5%と年率7%と年率10%。こう書くと微々たる差に感じられるかもしれませんが、**長い目で見れば大きな差**が生まれます。実は、そこまで欲張らず、年率6%でもけっこうな差が出ます（上のグラフ参照）。

もちろんリスクは高まりますが、構築する資産を大きく伸ばしたり、より短期で5000万円への到達を目指すのであれば、年率5%の上に挑戦してみる価値があるでしょう（もちろん、不必要にリスクを冒さないために、第4章で紹介した5つの投資信託でコアを固めておくのが大前提です）。

（個別株で＋αを狙う）

年率5％の上を目指すのであれば、**成長株（個別株）への投資**が有効です。米国株でいえば、ＩＴ産業の「大地主」であるGAFAM（Google＝Alphabet、Apple、Facebook＝Meta Platforms、Amazon、Microsoft）やTesla、NVIDIA、VISAといった企業が代表格です。

購入する個別株を選択するコツは、**市場が拡大する分野のナンバーワン企業やオンリーワン企業**を狙うこと。第4章でご紹介した5つの投資信託のパフォーマンスを上回るポテンシャルを有する個別株に投資して、年率5％を超える成長を狙ってください。

ただし、第3章で学んだように、**分散投資が必須**です。1つの銘柄に多額の資金を投資せず、複数の銘柄に分散投資してください。

個別株の具体的な銘柄については、本章でいくつかご紹介します。

（投資信託で＋αを狙う）

個別株ではなく、**投資信託を利用する方法**もあります。「サテライト投資」でも、投資信託が活用できるのです。

第4章で紹介した5つの投資信託よりリスクを取る分、リターンを取れる可能性が上がります。ハイリスク・ハイリターンですね。とはいえ、**投資信託ですので広く分散投資ができて、個別株よりは安全**です。入門者向け、初心者向けと言えるでしょう。

投資信託の具体的な銘柄については、本章でいくつかご紹介します。

「サテライト投資」を行う際は、賞与や年末調整の還付金、臨時収入を活用するのも1つの手です。日本株は基本的には100株単位での購入ですが（以前に比べると100株未満の単元未満株への投資もしやすくなりました）、米国株は1株単位で購入できます。

もちろん、主要なネット証券では投資信託は100円から購入が可能です。「サテライト投資」であっても、（極端な話を例に出しますと）「1日1株購入する」「1日200～300円購入する」などのルールをつくれば、**ドル・コスト平均法でリスクを軽減することも可能**です。

5000万円＋「じぶん年金」をつくる「サテライト投資」

「じぶん年金」とは、公的年金だけでは不足する老後の生活費を、金融商品を活用して自分で用意する老後資金のことです。現役世代でも、「第2の収入」があれば生活が楽です。

私は多数の個別株およびETF（上場投資信託）から、**ある程度まとまった額の配当金・分配金**を得ています。国から支給される公的年金に加えて、「じぶん年金」を構築しているのです（もちろん、配当だけではなく、株価上昇もしっかり狙います）。

その額は、2024年に240万円（手取り）となる見込みです。目標は2033年60歳で360万円としています。

将来、**5000万円超の資産に加え、公的年金or給料と「じぶん年金」、つまり2つの収入源を持てる生活**を実現できたら、不安が少ないですよね。

コアを固めつつ「サテライト投資」を実践すれば、これを実現できる可能性は十分にあります。

日本株なら「高配当かつ増配」株

私は**日本株であれば、高配当（もしくは中くらいの配当）かつ増配する株**が好みです。

これまでさんざん、米国株の優位性に触れてきましたが、実は日本株にも優れた個別株が存在します。世界で稼ぐナンバーワン企業も、ニッチに稼ぐオンリーワン企業もあります。日本企業にも、株価が上昇する企業があり、長期保有することで含み益が増していく期待が持てます。

なかでも私は、高配当（もしくは中くらいの配当）で、かつ配当を増やし続けている企業を長期保有することで、配当利回りが上がっていくのを狙っています。

つまり、年々増配されることで、投資額（簿価）に対する配当利回りが上がっていくということです。私はこれを**「じぶん配当利回り（＝自分の投資額に対する配当利回り）」**と呼んでいます。

米国株なら「成長かつ増配」株

米国株なら、成長かつ増配する株を選びます。

米国株は株価が上昇するスピードが日本株より優位な銘柄が多くあります。そして、株主還元が優良なので、増配もしっかりしてくれる銘柄が多くあります。60年連続増配という銘柄だってあるのです。

よって、必ずしも「いま」すでに高配当であることを求めなくてもいいのです。長期保有によって増配で高配当化することを目論み、かつ株価上昇も同時に狙うのです。

有望な個別株を本章で紹介していますので、そちらもぜひ、参考にしてください。

増配株は「二度美味しい」

日本株からはある程度の株価の上昇と、高い配当金を受け取って増配を待ち、さらなる高配当化を狙う。

米国株からは株価の強い上昇を取り込み、なおかつ、ある程度の配当金を得ながら増配を待ち、徐々に高配当化を狙う。

増配株は、増収増益（売上が成長して営業利益も成長すること）を背景に増配しているため、配当金が増えると同時に株価も上がる可能性が高い。**増えていく配当金をもらいながら、さらには含み益もたっぷりで、まさに一粒で二度美味しい**のです。

新ＮＩＳＡの成長投資枠で日本株に投資すれば、完全非課税・永久非課税で配当金が得られます（「じぶん年金」をつくることができます）。米国株の場合は、ＮＩＳＡ口座でも配当金に米国で10％の課税があることに注意してください。

10年以上の投資でじぶん配当利回り6〜10%を目指す

「サテライト投資」では、**優良な増配株に10年以上投資して、じぶん配当利回り6〜10%**を目指しましょう。たとえば、新NISAの成長投資枠で500万円投資して、毎年30万〜50万円の配当金（じぶん年金）が非課税でもらえたら心強いでしょう。公的年金or給料とは別に「第2の収入」があれば、生活が楽になります。

投資信託には必ず分配金があるとは限りません（分配金を出さずにファンド内で再投資するタイプが多いためです。このところ、優良と思われる分配金を出す投資信託も誕生しており、選択肢になっていくだろうと注目しています）。

対して、**個別株には配当金があります**（配当金を出さない銘柄もあります）。特に高配当株は、下落相場で配当金が心の支えになります。もちろん下落相場でなくとも、会社からの給料以外に不労所得があるというのは安心です。

将来を見据え、資産に＋αして「じぶん年金」をつくっておくのも優れた出口戦略です。私は40代前半から「じぶん年金」づくりを始め、公的年金（47歳で退職したため月額11万円程度の見込み）と「じぶん年金」で毎月40万円の収入を得ることを目標にしています。もちろん、同時に株価上昇による含み益たっぷりの状態も目指します。

平均点を超えるには、多少の勉強も必要

「投資信託だけで資産運用を行い、平均的なパフォーマンスを出せればそれで十分！」という方は、それほど勉強をする必要はありません。本書を読みさえすれば、選ぶべき投資信託もわかります。それこそ、第4章の5つの投資信託のいずれかにほったらかし投資するだけでOKです。

しかし、コア・サテライト戦略を通じて「平均点＋α」を目指すのなら、**残念ながら勉強が必要**です。いまはその気がなくても、将来的に「平均点＋α」を目指す可能性を持っておきたいなら、少しずつでも勉強を始めておきましょう。

第1章でもお伝えしたように、投資の勉強をすることは、投資成果を得るだけではなく、**ビジネスパーソンとしてのキャリアにも好影響を及ぼします**。選択肢が増えていくという意味で、人生を豊かにすることにもつながるでしょう。

しかし、どのように勉強すればいいのか、わからない人も少なくないと思います。分厚い本を読めばいいのか、毎日チャートをチェックすればいいのか、それとも経済指標を確認すればいいのか……。

少しハードルを上げてしまったかもしれませんが、安心してください。本書は「普通の人」に向けた、ゆとり投資の書籍です。**勉強も、「ゆとり＋α」で十分。**諦めずについてきてくださいね。

（証券会社のウェビナー）

投資の勉強をするにあたり、私がお勧めしているのが**証券会社のウェビナー（オンラインセミナー）**です。口座開設していなくとも受講可能なケースも多くあり、無料で参加できます。

日本株、米国株などテーマごとに開催されており、米国の経済や政治などの新鮮な情報も学べますし、銘柄を紹介してもらえることもあります。

（投資本、ビジネス誌、ネットニュース）

投資本や**ビジネス誌**も有用です。日本株に投資するなら『会社四季報』、米国株に投資するなら『米国会社四季報』も優良なツールになります。もちろんネットニュースも便利で、私は『AERA dot.』や『ロイター』『Bloomberg』などをよく閲覧しています。

投資の基本を学ぶために、海外で出版された投資本の名著の日本語訳を読むと理解が深まります。とっつきやすさでいえば、個人投資家が出版した書籍は読みやすいものが多いです（本書もそうであることを願って執筆しています）。

（企業の公式サイト）

企業の公式サイトにアクセスし、中期経営計画や統合報告書（アニュアルレポート）、決算短信、ＩＲリリースを読むのも勉強になります。

（新聞から始めて深掘りする）

新聞で広く学ぶ→**ネット**で深掘りして興味を深める→**本**で体系立てて学ぶというのもいいでしょう。

まずは、自分が負担に感じない範囲で勉強してみてください。思っていた以上に楽しくて、のめり込むこともあります。

まさに私がそうでした。投資の勉強が楽しくなってしまい、いまではすっかり趣味になっています。

「ネットだけ」は要注意

注意してほしいのは、無料であることや手っ取り早さを優先して、YouTubeやブログだけで情報を収集すること。優れたコンテンツも多くありますが、**信憑性が乏しいコンテンツ**も少なからず存在します。文字どおり、玉石混交です。

間違った情報で学ぶと、得をするどころか損をしてしまいます。

信憑性の有無を確かめるには、たとえば「リーマン・ショックを経験しているか（＝投資の経験が十分にあるか）」「資産額（私は資産額1億円以上ある人を選びます）や配当金などの実績が明確に出ているか」「書籍を出版するなど信頼性がある人か」、または「メディアで証券会社や銀行の記事・広告などに登場しているか」……などを判断基準にしてください。

範囲を絞れば勉強は苦しくない

やみくもに勉強しても効率が悪いですし、いきなり何十冊もの教材を手渡されても、逆にモチベーションが下がってしまいますよね。そんなときは、勉強する範囲を絞りましょう。

個別株に「サテライト投資」をする場合は、**成長が期待できる分野（業界）に絞って勉強**してみましょう。投資は大前提として、成長する市場にフォーカスするのが大切だからです。

具体的に例をあげれば、**農業、資源、IT、半導体**などは今後も成長が期待できる業界だと思います。業界の全体図を学び、ある程度理解を深めたら、優良企業を探していくと、効率よく勉強できます。

成長が期待できる業界について、私なりに簡単な解説をしておきます。

人口増の後押しを受ける「農業」領域

日本は少子高齢化が進んでいますが、世界的に見れば、人口は増え続けています。つまり、**食料を生産する農業は需要が拡大する分野**です。

農林水産省が令和元年9月に公表したデータ（「2050年における世界の食料需給見通し」）によると、2010年から2050年にかけて、世界の農地面積は0・73億ヘクタール拡大して16・11億ヘクタールになるとされます。4・7%ほどの増加です。

それに対して食料需要量は、人口増加によって、2050年には2010年の1・7倍になるとされます。

にもかかわらず、気候変動による豪雨や渇水・気温の上昇、紛争などが頻発しており、農作物の収量は不安定化する傾向にあります。

つまり、**農業には効率化が求められる**ということです。この変化に対応できる企業は株価が上がっていくと予想できます。

経済成長の波を受ける「資源」領域

新興国が経済発展すると、**大量の資源を消費**します。街の発展には、鉄が欠かせません。鉄は鉄鉱石と原料炭から製造されます。

また、一時の勢いは衰えているものの世界的に電化の流れがあります。電化には、銅とリチウムが欠かせません。

これら資源価格は短期では上下しながらも、**長期的には需要が増えていく**ため上昇することが見込まれます。よって、関連企業の株価が上がると予想できます。

（世界を便利にし続ける「ＩＴ」領域）

いま**世界中の人々の暮らしを大きく変えているのは、ＩＴの技術革新**です。ＩＴとは、Information Technology ＝情報技術のことです。もう少し噛み砕きますと、コンピュータとネットワークを利用した技術の総称です。

ＩＴ企業は、ソフトウェア、ハードウェア、通信インフラ、情報処理などを提供する会社のことです。

いまは何でもＩＴが関わっているほどで、ＩＴ企業に投資することで資産を効率よく増やすポテンシャルがあります。

（10年で需要が2倍になる「半導体」領域）

私たちの生活は、**半導体なしでは成立しません**。家電、電子機器、自動車など多くのものに半導体が使われています。ＡＩやスマートシティ、自動運転などにも半導体が必要になるため、需要は今後も伸び続けるはずです。

経済産業省によると、世界の半導体需要は、２０３０年には２０２０年と比較して、およそ2倍の規模になるとされます。半導体関連企業は、製造、設計、材料、製造装置などに分かれます。チェックしておいたほうがよいでしょう。

人口増で需要が増す「日用品」領域

地球の人口が増えることは、**日用品の需要が増える**ことも意味します。

赤ちゃんが増えればおむつの需要は増え、洗濯物が増えれば洗濯洗剤の需要は増え、食器が増えれば台所洗剤の需要は増え、女性が増えれば化粧品の需要は増え、男性が増えれば髭剃りの需要は増え……人口が増えることを想像すれば、日用品を製造する企業が儲かることは容易に想像ができます。

かつ、これらは、**不景気になっても需要が減りません**ので、ディフェンシブでもあります。景気が悪いからといって、洗剤やシャンプーを薄めて使う、化粧をやめるなんてことにはなりません。

高齢化の恩恵を受ける「ヘルスケア」領域

今後、先進国はいま以上に高齢化が進んでいきます。そうなると、医療を必要とする人が増加します。**薬、医療機器、医療保険などの需要が増える**でしょう。

これらも、**不景気になっても需要が減りません**。病気になったけど、景気が悪いから通院をやめよう、とはなりません。よって、日用品と同じくディフェンシブです。

また、新興国の人口増加による恩恵もあるでしょう。

人が便利を追求する先にある「ＥＣ」領域

人は便利を追求する動物です。たとえば、私が生まれた昭和の通信機器は固定電話でした。スマートフォンどころか、「ガラケー」すらなかったのです。便利を追求し続けるから、イノベーションが起きて、スマートフォンが生まれたのです。

同じことが小売りやサービス、エンターテインメントの世界でも起きています。**ＥＣ（ｅコマース）の成長**です。

経済産業省の「令和４年度 電子商取引に関する市場調査報告書」によりますと、世界のBtoC-EC市場規模は、２０２１年の約５・１兆ドルから２０２６年には約７・６兆ドルに成長すると予想されています。

身近な話をしますと、私たちは自ら店舗に買い物に行かなくとも、ネットでポチるだけで買い物ができるようになりました。動画や音楽もそうです。かつて音楽はＣＤ、動画は映画館やＤＶＤでしたが、いまやＥＣの時代です。読書好きな私には残念なことですが、街中から書店が減っている背景には、ＥＣ化の波が関連しているでしょう。あわせて、電子書籍化もありますね。

今後は、**国境を越える「越境ＥＣ」も拡大する**と予想されています。外国からＥＣで商品を購入するということです。前出の経済産業省の市場調査報告書によりますと、世界の越境ＥＣの市場規模は、２０２１年の７８５０億ドルから２０３０年には約７・９兆ドルに成長すると予想されています。

人口が増えることによる需要増だけではなく、**ＥＣ化率が伸びることによる需要増**もあるでしょう。

まさしく旬となった「ＡＩ（人工知能）」領域

ＡＩ（人工知能）が身近なものになりました。

少し前からあるものでは、iPhone の「Siri」もＡＩです。音声アシスタントですね。「チャットボット」もそうです。自動会話プログラムで、ＡＩが人間の代わりに対話形式でチャットします。カスタマーサポートにチャットボットを導入する企業が多くあります。

テレビニュースで、アナウンサーに代わりＡＩがニュースを読むこともあります。

医療の分野にも活用されていて、たとえば「内視鏡ＡＩ」があります。早期の胃がんを発見することができるとされています。

そして、２０２４年によく聞くようになった「チャットＧＰＴ」。一言でいい表すと「会話型ＡＩサービス」です。ユーザーが質問を入力すると、チャットＧＰＴが人に代わり、人と会話しているかのように回答します。

人類最大の課題である「脱炭素化」領域

私たちが直面する喫緊かつ最大の課題が、**気候変動問題**です。異常気象の増加、海面の上昇などがあげられます。

これ以上の悪化を防ぐためには、地球の温暖化を抑える必要があります。そのためには、二酸化炭素の排出を減少させ、ゆくゆくはゼロにすることが必須です。

そこで、**「脱炭素化」**となるわけです。再生可能エネルギー（太陽光や風力、地熱など）を使ったり、二酸化炭素の排出がないグリーン水素を使ったり、二酸化炭素を回収したりするものです。

いつまでも化石燃料をがんがん燃やしていると、地球がもちません。

このような問題へのソリューションとなる分野への投資は、理想ですね。

人にも半導体にも欠かせない「水」領域

水は人間に欠かせないもので、人口増によって需要が増えることが予想できますが、実は**半導体の製造にも水は欠かせません**。よって、これからは「水」も投資のキーワードになりそうです。

世界一の人口「インド」領域

インドは人口で世界一です。14億人を超えており、それだけ内需がある国ということを意味します。

そして、インドはIT大国と言われています。準公用語が英語であること、米国と時差がちょうど昼夜を逆転するほどある（米国人が昼間にした仕事を、米国の夜間＝インドの昼間にインド人へ仕事をリレーする、そして米国人が翌朝ふたたび引き取るというルーティンで、開発スピードを上げることができるとされます）ことで、発展しました。

また、人口が多いだけではなく、優秀な頭脳でも知られます。近年、世界を代表する企業のトップにインド出身の人が就く例が多く見られます。Alphabet（Google の親会社）

やMicrosoftのCEOはインド出身です。
よって、インドにはポテンシャルを感じます。

成長重視の投資信託

ここから、銘柄紹介に入ります。
はじめに、5000万円オーバーを目指すための成長重視の投資信託です。

〈ナスダック100〉

・指数名称：NASDAQ100指数

概略　米国のNASDAQ市場に上場している時価総額トップ100銘柄（金融銘柄を除く）で構成されています。先に紹介したGAFAMやTesla、NVIDIAをはじめ、成長株の宝庫です。

・投資信託：iFreeNEXT NASDAQ100インデックス
ニッセイ NASDAQ100 インデックスファンド

eMAXIS NASDAQ100 インデックス
楽天・プラス・NASDAQ-100インデックス・ファンド

半導体関連

・指数名称：SOX指数

概略 米国上場の主要な半導体関連30銘柄で構成されています。

・投資信託：楽天・プラス・SOXインデックス・ファンド
ニッセイSOX指数インデックスファンド（米国半導体株）

インド関連①

・指数名称：Nifty50指数

概略 インドを代表する株式指数の1つ。インドナショナル証券取引所に上場する銘柄のうち、時価総額、流動性、浮動株比率などの基準を用いて選定された50銘柄で構成されています。

・投資信託：eMAXIS インド株式インデックス
iFree NEXT インド株 インデックス

楽天・インド株Nifty50インデックス・ファンド
auAM Nifty50インド株ファンド

インド関連②

・指数名称：SENSEX指数
概略　インドを代表する株式指数の1つ。ボンベイ証券取引所に上場する銘柄のうち、流動性、取引規模、業種などを代表する30銘柄で構成されています。
・投資信託：SBI・iシェアーズ・インド株式インデックス・ファンド

これらを購入すれば、いずれか**1本保有するだけでその分野の成長株への分散投資が可能**になります。コア投資で紹介した5つの投資信託よりもリスクを取るので、高いリターンが期待できます。

しかし、下落相場では価格が大きく下落するリスクがあるので、**コアではなくサテライトでの投資がいいでしょう。**

たとえば、「コア投資」としてS&P500など5つの投資信託のいずれかに毎月4万円、「サテライト投資」としてナスダック100の投資信託およびインド関連の投資信託に毎月5000円ずつを、それぞれ積立投資すれば、**「コア投資80％：サテライト投資20％」の仕組み化**ができます。

投資信託は、一定の間隔・一定の金額で自動買付できるのが魅力ですね。

サテライト投資には「ETF」という選択肢も

投資信託と似たもので、**ETF（上場投資信託）と呼ばれる金融商品**も存在します。

ETFは投資信託の一種なのですが、（普通の）投資信託では投資できない優良なインデックス（指数）が存在します。個別株と同様にリアルタイムで売買できます。

また、投資信託の多くが分配金を出さずに再投資するのに対し、ETFは原則として分配金を出します（金のETFなどを除く）。

つまり、同じ指数（たとえば、S&P500）を選ぶなら、お金の増え方では、ETFより投資信託に軍配が上がります。お金をすくすくと育てるのであれば、投資信託を選ぶほうが賢明です。

しかし、投資は「数学」だけでは判断できません。人間には「心（メンタル）」や「老い＝判断能力の低下」があり、**分配金が支えになる**こともあります。事実、私がそうです。

分配金は、軟調相場での心の支えになりますし、また、将来的には分配金を生活費に充てることが投資の出口戦略にもなります。投資信託では自ら取り崩す（売却する）ことが基本となりますが、ＥＴＦであれば自動的に、かつ定期的に（年2回か4回が主流）分配金が支払われます。その意味で、タイミングを見て、分配金重視のＥＴＦをポートフォリオに加えてみてもいいかもしれません。

分配金を副収入にすること、不労所得で生活することに魅力を感じるなら、投資信託をコアで持つ一方で、**サテライトに分配金重視のＥＴＦを加えて経験してみる**のも一案です。肌に合う、合わないは実際にやってみないとわからないものです。

肌に合えば、増配株（個別株）にチャレンジしてパフォーマンスを上げることを目指すのもいいでしょう。そのための「前哨戦」として使えます。

ＥＴＦには、主に東証に上場する**「東証ＥＴＦ」**と米国市場に上場する**「米国ＥＴＦ」**があります。その他の国にもＥＴＦは存在しますが、初心者向けではないので割愛します。

以下、ＥＴＦの銘柄を紹介します。５０００万円オーバーを目指すための成長重視のＥＴＦと、「じぶん年金」を目指す分配金重視のＥＴＦに分けて記述します。

成長重視のＥＴＦ

先に、**５０００万円オーバーを目指すための成長重視のＥＴＦ**をご紹介します。投資信託では投資できないインデックス（指数）で、かつ価格の上昇が期待できる分野に投資できるＥＴＦです。

以下、米国ＥＴＦや外国株の銘柄名のあとの（　）内に記述しているアルファベットはティッカーコードです。東証ＥＴＦや日本株では、数字４桁（一部、アルファベットを使用する銘柄もあり）で表し銘柄コードといいます。投資時に別銘柄を誤発注しないように用いられます。

《米国ETF》

①バンガード米国情報技術セクターETF（VGT）

ITや半導体など、現在の米国を牽引する分野の株式に投資するETFです。

ITや半導体などが、今後も世界を変える中心であると評価して、それらへの投資比率を高めたい方向けと言えるでしょう。

②バンガード米国ヘルスケアセクターETF（VHT）

米国の医薬品、医療機器、医療保険などヘルスケアセクターに投資するETFです。

コアで持つ投資信託として、全米株式やS&P500を紹介しましたが、これらはIT企業が多くを占めます。IT企業の株価が成績を左右します。IT企業は成長著しいとはいえ、マーケット全体が軟調なときは株価が大きく下がります。対して、ヘルスケアセクターは、景気変動の影響を受けにくくディフェンシブです。マーケット全体が軟調なときに守りを固めることが期待でき、好調なときもS&P5

00には及ばずとも優秀な成績を上げてきました。今後、世界的な人口増加や先進国の高齢化の恩恵を受けるセクターとして期待できます。

また、ヘルスケアセクターには、特許切れリスクや訴訟リスクなど独特のリスクが存在するため、個別株よりETFのほうが安全です。

③ウィズダムツリー インド株収益ファンド(EPI)

インドに投資する場合は、ETFか投資信託が現実的です。

そもそも、インド株は海外からの直接投資が許可されておらず、私たち日本人は個別株を買うことができません。一部の銘柄でADR（米国市場に上場する個別株に準ずるもの）での投資が可能ではありますが、新興国の企業であることを鑑みるとリスクが高くなります。

この「ウィズダムツリー インド株収益ファンド」はニューヨーク証券取引所Arcaに上場しており、約480銘柄で構成されインド株市場を広く取り込める特長を持つETFです。先に紹介したインドに投資する2つの投資信託より分散が効いています。

分配金重視のETF

次に、分配金重視のETFをご紹介します。**「じぶん年金」の構築を目指す方**に向いています。

先述のとおり、これらに投資して分配金に魅力を感じられましたら、**より高いリターンを目指して増配株（個別株）にチャレンジ**されてもいいでしょう。ここで紹介するETFはハイリスクな銘柄ではないため、いい「前哨戦」になると思います。

もちろん、それほどまでのリスクを好まれないなら、**ETFまでで留めておいてもかまいません。**その場合、より高いリターンを目指すという本来の「サテライト投資」の姿とは乖離しますが、それも選択肢の1つだと思います。

《東証ETF》

①iシェアーズMSCIジャパン高配当利回りETF（1478）

日本株の高配当株に投資するETFです。配当性向、配当継続性、財務指標（ROEや自己資本比率など）の要件を満たす銘柄から、配当利回りが高い約40銘柄で構成されています。ただし、配当性向が高い銘柄や株価の急激な下落により配当利回りが高くなっている銘柄は除外されます。「いま」の配当利回りだけに固執しておらず、「質」にもフォーカスしていると言えるでしょう。

②NEXT FUNDS 日経平均高配当株50指数連動型上場投信(1489)

日経平均構成銘柄のうち、配当利回りが高い50銘柄で構成されているETFです。純資産総額が大きいことは、安心材料と言えるでしょう。

③iFreeETF TOPIX高配当40指数(1651)

TOPIX100構成銘柄のうち、配当利回りが優良な40銘柄で構成されているETFです。大型株100銘柄から構成銘柄が選定されるため、安心感があります。

④NEXT FUNDS 外国REIT・S&P先進国REIT指数(除く日本・為替ヘッジなし)連動型上場投信(2515)

日本を除く先進国の不動産に投資が可能なETFです。約300銘柄で構成されています。米国比率が約80%を占めており、豪州、英国、シンガポール、フランスを加えると全体の約95％を占めます。不動産に投資するものであるため、株式以外に資産を分散する役割を果たします。人口減少の日本の不動産に投資する必要はないと考えるなら、「除く、日本」は都合がよいでしょう。

《米国ETF》

⑤バンガード米国高配当株式ETF（VYM）

米国の高配当株に投資するETFで、日本の投資家にお馴染みな存在です。「いま、すでに配当利回りが高い」約550銘柄で構成されています。米国の高配当株系ETFのなかでは広く分散が効いています。マーケット全体が低迷するときに影響を受けにくいイメージがあります。

⑥バンガード米国増配株式ETF（VIG）

米国の増配株に投資するETFです。10年以上の増配実績がある約300銘柄で構成されています。増配株は、企業の利益成長による株価上昇と増配の両方が期待できるので二度美味しい投資対象です。

分配金重視の投資信託

次に、分配金重視の投資信託をご紹介します。使い方は、分配金重視のETFに準ずることを想定しています。

分配金重視の投資信託のご紹介を後回しにしたのは、事情があります。

繰り返しになりますが、投資信託は、分配金を出さずにファンド内で再投資するタイプが多く、分配金を出すタイプで優良なものはまだ少ない印象です。

ここにご紹介する投資信託は、いずれも2024年に設定されたばかりの新しい商品です。まだ、取り扱う証券会社が限られます。

投資信託の名称にSBIとつくものは、SBI証券で取り扱いがあります。同じく、楽天とつくものは、楽天証券で取り扱いがあります。ゆくゆくは、多くの証券会社で取り扱われることが期待されます。

①SBI・V・米国高配当株式インデックス・ファンド（年4回決算型）

バンガード米国高配当株式ETF（VYM）を投資対象としています。その概略は、分配金重視のETF（米国ETF）にて記述したとおりです。

②SBI・V・米国増配株式インデックス・ファンド（年4回決算型）

バンガード米国増配株式ETF（VIG）を投資対象としています。その概略は、分配金重視のETF（米国ETF）にて記述したとおりです。

③SBI欧州高配当株式（分配）ファンド（年4回決算型）

欧州の株式を投資対象としています。配当利回りに着目し、高水準のインカムゲインと中長期的な値上がり益の獲得によるトータル・リターンの追求を目指すものです。

④SBI全世界高配当株式ファンド（年4回決算型）

米国、欧州、日本、新興国の4カ国・地域の株式を投資対象としています。配当利回りに着目し、高水準のインカムゲインと中長期的な値上がり益の獲得によるトータル・リターンの追求を目指すものです。

⑤楽天・高配当株式・米国ファンド（四半期決算型）
SBI・S・米国高配当株式ファンド（年4回決算型）

シュワブ米国配当株式ETF（SCHD）を投資対象としています。米国の配当利回りが高い100銘柄で構成されています。配当収益の確保および中長期的な値上がり益の獲得を目指すものです。

個別株に投資するなら銘柄分析も必須

次に、個別株を解説します。

個別株に投資するには、銘柄分析が必要になりますので、銘柄紹介をする前に銘柄分析に触れておきます。

本書は初心者向けの「ゆとり投資」をコンセプトとしていること、またせっかくやる気になってきたあなたを再びうんざりさせてしまうことのないように、それほど詳しい解説はしません。銘柄分析の導入部分だけ、簡単にご紹介します。

大切なことですので繰り返しますが、株価は（長期的には）企業がつくり出す利益に連動します。闇雲に上下動するわけではありません。

営業利益率

銘柄の良し悪しを判断する際は、まずは営業利益率（営業利益÷売上高×100）を確認してみてください。業種によりますが、これが20％以上あれば優秀で、簡単に言うと事業がうまくいっているということです（日本株なら10％でも優秀です）。

売上高、営業利益

売上高や営業利益が伸びている（これを増収増益といいます）企業を選びましょう。

株価は長期的には企業価値に連動します。企業価値とは、端的に言えば企業がどれだけ儲けられるかということです（先ほど記述したとおりです）。

儲けの源泉となるのは売上高です。そして、本業での儲けを示す営業利益がもっとも重要です。これが成長し続けている企業が、強い企業なのです。営業利益が不安定な企業、ましてや度々赤字になる企業は避けましょう。

『会社四季報』を参照すると、企業の決算を時系列で確認できます。

マネックス証券のサイトでは、過去10年間もしくはそれ以上にわたって決算の数字がわかりやすく網羅されています。その他、配当推移、3年間平均の売上高成長率、3年間平均の営業利益率など銘柄分析に必要な項目を確認することができるので、私は個人的にたいへん重宝しています。

市場シェア

原則として、市場シェアが1位か2位の企業を選びましょう。わざわざ下位の企業を選ぶ理由はありません。価格決定権を持っていないだろうからです。

ただし、市場シェアが3位以下でも、特定の分野でニッチに稼ぐオンリーワン企業なら評価できるでしょう。

事業の独自性

ここまで紹介してきた数字が優秀でも、それらは過去の数字であり、必ずしも未来も保証するものではありません。この先もこの数字が維持できるのか、伸びるのかという未来志向も必要です。

他社がすぐにマネできるような事業ではないかを確認しましょう。圧倒的な技術力、圧倒的なブランド力、圧倒的な市場シェア、圧倒的な店舗数などを有していれば、他社は容易に参入できない可能性が高いでしょう。

市場規模の拡大

事業に独自性が見られたとしても、市場規模が縮小する分野では将来性がありません。株価も上昇しないでしょう。よって、当該企業が事業をする分野の市場規模が拡大していくことが必要です。つまり需要が増えていくから、そこに供給を増やせる企業は成長するということです。

市場規模の拡大（成長）が期待できる分野は、本章でいくつか解説したとおりです。

時価総額

意外と見逃されがちなのが、時価総額です。時価総額とは、「株価×発行済株式数」により算出し、企業の規模を測るのに使う数値です。

大型株と呼ばれる時価総額が大きな企業は、経営が安定していることが比較的多く、株価の動きも比較的マイルドです。逆に、時価総額が小さくなればなるほど株価の動きが激しくなる傾向にあります。

私は、時価総額が日本株なら1兆円以上、米国株なら最低でも100億ドル以上もしくはS&P500やナスダック100に採用されている銘柄を好みます。

投資信託もしくはETFで成功経験を積み、ゆくゆく個別株へ進出をされる際には、銘柄分析の方法もより深く勉強してください。

有望な米国株

さて、お待たせいたしました。

個別株への投資に関心を持っている方に向け、**米国株を中心に世界各国の有望銘柄をいくつか紹介**しておきます（いずれも推奨ではなく紹介です）。

すべて、長期投資で株価上昇の期待が持てる銘柄を集めていますが、高配当株や連続増配株も含みますので、銘柄ごとにその旨を記述します。

《プロクター・アンド・ギャンブル／P&G（PG）》

エスケーツー、パンパース、アリエール、ボールド、レノア、ファブリーズ、ブラウンなどなど……きっとあなたの家にも、1つ2つはP&Gの商品があるでしょう。世界で通用する日用品のブランドを多数保有するグローバル企業です。

今後、世界の人口は半世紀以上にわたって増加し続けると予想されています。人間の日常生活に欠かせない日用品の消費はますます増えるでしょう。つまり市場拡大が見込めます。また、日用品は好景気・不景気に関係なく消費されるので、業績が安定しやすいのが強みです。

営業利益率（3年間平均、以下同様）は約23％です。68年連続増配です。

《コルゲート・パルモリーブ（CL）》

世界に知られる歴史ある日用品メーカーです。歯磨き粉で世界シェア1位です。不況でも歯磨きをやめる人はいませんので、好景気・不景気に関係なく消費されます。

口腔ケア製品に次ぐ柱はペットフードで、売上高の22％を占める事業になりました。売上高のうち約45％を新興国から得ており、人口増加が見込まれる新興国ビジネスの土台を築いていることは強みと言えるでしょう。

営業利益率は約21％です。61年連続増配です。

ディア（DE）

米国の老舗農機メーカーです。

世界の人口増加に伴って、食料の増産が必要です。人間が食べる農作物だけではなく、畜産物の増産も求められているため、飼料となるトウモロコシなどの増産も必要です。

しかし、渇水、洪水、スーパー台風、気温上昇などの気候変動によって、また戦争や紛争によって、農作物は年々つくりにくくなっています。したがいまして、今後は農業の効率化が地球規模で進められるはずです。ディアは、そうした要請に応える技術を開発しています。

その1つが、完全自立型トラクターです。農家はモバイルデバイスからトラクターを監視しながら、別の作業を行うことができます。また、同社が保有する「ExactShot」という技術は、種子に肥料をまく際にセンサーを利用してピンポイントで散布し、肥料の使用量を60％以上減らせるとされています。

営業利益率は約20％で、次世代の農業銘柄として期待大です。

マイクロソフト（MSFT）

超有名銘柄です。ＩＴ企業のなかでは比較的歴史もあります。

古くはパソコン用のＯＳとアプリケーションソフト開発で世界シェアを勝ち取りました。誰もがWindowsやWord、Excelというソフトウェアを使ったことがあると思います。これらソフトウェアは世界のビジネスインフラとなっていると言えます。

近年はクラウドサービス「Azure」事業が成長しています。さらに、２０２３年にチャットＧＰＴを開発したOpenAIとの提携拡大を発表しました。成長し続ける企業と言えるでしょう。

営業利益率は約42％です。10年以上連続増配です。

《アップル（ＡＡＰＬ）》

世界屈指のテクノロジー企業です。iPhone、iPad、Apple Watch、MacBookなどで、誰もが知る企業でしょう。それらハードウェアだけではなく、コンテンツ配信、決済サービス「Apple Pay」、iCloudなどのサービス基盤も構築しています。

iPhoneの売上高が全体の半分以上を占めています。

営業利益率は約30％です。10年以上連続増配です。

《CMEグループ（CME）》

商品・金融先物取引所の世界最大手です。私たちに身近なところでは「日経平均先物」を提供しています。他社が容易に新規参入できない寡占分野であり、金融インフラ企業の1つと言ってもいいでしょう。

営業利益率が約59％ときわめて高い、高収益企業です。年に4度の配当以外に、毎年のように特別配当を出すことで知られる、高配当株です。

《S&Pグローバル（SPGI）》

信用格付け、株価指数の算出・提供などを事業とする企業で、こちらも金融界のインフラ的存在の1つと言えるでしょう。

信用格付けは、「今日から始めます」と宣言して簡単に参入できる業種ではありません。新規参入企業による信用格付けなど、誰も信用しないからです。参入障壁が高い分野と言えるでしょう。

投資家の間でもっとも有名な株価指数である「S&P500」を算出している会社（子会社がその事業をしています）でもあります。

営業利益率は約37％です。

ビザ／VISA(V)

クレジット決済の世界シェアトップ企業です。

この会社は一般的なイメージとは異なり、クレジットカードを発行してはおらず、決済システムを提供しています。そして、その利用料が収益源です。

世界中に張り巡らされた決済網を持っているということは、すなわち、インフラを提供しているということ。自身では与信をしていないため、利用者からの返済が滞るリスクがありません。

営業利益率は約67%とモンスター級です。10年以上連続増配です。

ウエイスト・マネジメント(WM)

廃棄物処理業は、「NIMBY (Not In My Backyard)」といわれます。必要なのは認めるが、それが自らの居住地に建設されることには反対するという意味で、他社の新規参入が難しい業界です。

かつ、好景気・不景気に関係なく、絶対になくてはならない存在です。人間がいるかぎり、ゴミは必ず出るため、回収、処理しなければならないからです。会社自ら「不景気に強い」と主張しています。

営業利益率は約18％です。20年連続増配です。

ゾエティス（ZTS）

動物用医薬品メーカーです。この業界における世界的リーダーです。元はファイザー社の動物用医薬品部門で、2012年に独立を発表し、2013年に上場しました。世界的に人口が増加していきますので、家畜の数もペットの数も増えることが予想できます。よって、動物医薬品の需要が増えることが見えてきます。

営業利益率は約36％です。

他にテスラ、エヌビディア、アプライド・マテリアルズ、コストコ・ホールセール、シンタス、ユナイテッドヘルス・グループ、アンフェノールなどにも期待が持てます。

有望な外国株（米国株以外）

続いて、米国以外の外国株をご紹介します。ただし、ニューヨーク証券取引所、もしくはナスダックに上場している銘柄に絞ります。つまり、米国株と同じように初心者でも簡単に投資が可能な銘柄となります。

《BHPグループ（BHP）》

3大資源メジャーの1社です。豪州企業ですが、ニューヨーク証券取引所に上場しています。

実は3大資源メジャーはいずれも米国企業ではなく、ほかにリオ・ティント（英国企業）およびヴァーレ（ブラジル企業）があり、いずれもニューヨーク証券取引所に上場しています。

すでにご説明したとおり、新興国の発展に伴って資源価格は上昇すると予想できます。短期的には資源価格の上下動に株価も連動するでしょうが、長期的には資源の需要増で株価が上昇するのではないかと評価しています。

営業利益率は約47％です。高配当株ですので「じぶん年金」づくりにも使えます。

《メルカドリブレ（MELI）》

南米最大のeコマースの会社ですが、米国ナスダックに上場しています。ナスダック100の構成銘柄です。米国でいえばアマゾンのような存在と言えます。南米18カ国で事業を展開しています。

新興国の企業で、新興国を市場としており成長期待がある一方で、新興国ゆえのリスクもあります。投資するにしても「サテライト投資」、しかも上位には上げないで、ポートフォリオの一部で持つ程度がよいと思います。

売上高が拡大中で、営業黒字化したのは数年前と、これからの企業と言えます。営業利益率は約10％です。配当金を出していません。

《ASMLホールディング（ASML）》

半導体製造装置のメーカーです。オランダ企業ですが、米国ナスダックに上場しています。ナスダック100の構成銘柄です。

半導体の微細化に欠かせないEUV露光装置を製造できる世界唯一のメーカーであり、まさに「オンリーワン企業」と言えます。

営業利益率は約33％です。製造業としてこの数字は素晴らしいものです。

《台湾セミコンダクター／TSMC（TSM）》

半導体の受託製造をしているメーカーです。台湾企業ですが、ニューヨーク証券取引所に上場しています。

半導体受託製造で、世界シェア60％を有するナンバーワン企業です。半導体の製造においてのリーディングカンパニーです。

半導体なしでは、もはや人は生きていけないでしょう。あなたのスマートフォンからエアコン、自動車、そして国防にも関わる重要な企業です。

営業利益率は約44％と製造業としては非常に優秀です。ただし、台湾有事がリスクとしてあげられます。

《ノボ・ノルディスク(NVO)》

糖尿病ケア製品の世界1位の製薬メーカーです。デンマーク企業ですが、ニューヨーク証券取引所に上場しています。

糖尿病ケア製品の世界シェアが高く、2型糖尿病用のGLP-1ベース製品では世界シェア50％以上を持ちます。GLP-1を応用した肥満症治療薬「ウゴービ」が患者からも投資家からも注目されています。現在「ウゴービ」が販売されている国は数えるほどですが、増加すると見込まれ、市場は大きいと予想されます。

営業利益率は約43％と優秀です。

有望な日本株

最後に、日本株もご紹介します。

三菱商事（8058）

総合商社トップです。資源と非資源の比率がおよそ半々で、総合力があることが特長です。

脱炭素ソリューションの「EX戦略」と、リアルとデジタルの融合を図る「DX戦略」を成長戦略に掲げています。特に、EX関連事業ポートフォリオ（投融資残高内訳）は2024年度末までに40％を目指し、将来的には50％程度に引き上げていくことを目指しています。

当期純利益が1兆円前後という、巨大企業でもあります。株主還元意識が高く、累進配当政策（業績が悪くとも配当金を減らさずに維持し、利益成長に合わせて増額する政策）を導入しています。

「経常利益率」は約7%、「当期純利益率」は約5%です。高配当株です。

《栗田工業（6370）》

総合水処理の国内最大手で、海外売上高比率はおおよそ半分です。

半導体の製造に欠かせないのが、超純水です。半導体の製造工程ではさまざまな化学物質が使用されており、それらを綺麗に取り除く必要があります。その洗浄に超純水が使われます。「普通の水」にはイオンや微粒子、微生物などが混じっていますが、それを極限まで除去した純度100%に近い水を「超純水」といいます。

栗田工業は、この究極の水「超純水」をつくっています。

水処理薬品、水処理装置、メンテナンスという他社にない事業構成が強みです。

営業利益率は約11%です。21年連続増配の予定です。

《信越化学工業（4063）》

化学で時価総額国内トップ。半導体シリコンウエハーや塩ビ、液晶用フォトマスク基板、合成性フェロモンで世界シェアトップです。

海外売上高比率は80％強となっています。日本企業のなかで屈指の、世界を相手に戦える企業と言えるでしょう。

営業利益率が約32％と優秀であり、かつ自己資本比率が8割を超え財務安全性にも優れています。好業績、好財務体質企業と言えます。

《荏原製作所（6361）》

主力商品はポンプで、送風機、コンプレッサ・タービン、半導体製造装置なども扱う大手企業です。

荏原製作所が公表する「長期ビジョン」に、2030年度にありたい姿として、①二酸化炭素約1億トン相当の温室効果ガスを削減する、②世界で6億人に水を届ける、③最先端の半導体デバイスである14オングストローム（100億分の1m）世代への挑戦、とあります。

ここに書かれているのは、先ほど成長期待がある分野としてあげた「脱炭素」「水」「半導体」なのです。地球規模の問題を解決し、人の便利を追求する姿勢には賛同したいものです。

海外売上高比率は約60％、営業利益率は約11％です。

ユニ・チャーム（8113）

衛生用品大手で、紙おむつなどのパーソナルケア事業はアジア首位です。ベビーケア用品、高齢者ケア用品、ホームケア用品などを展開し、育児、介護、家事といった人々の生活をサポートする企業です。

海外売上高比率が65％以上あり、日本の人口減少を不安視する必要はありません。2030年までに、不織布・吸収体ビジネスで市場シェア世界1位を獲得する目標を掲げています。

「経常利益率」は約14％、「当期純利益率」は約9％と優秀です。23年連続増配の予定です。

企業分析はとても楽しいものです。

身近な商品を提供している会社を調べてみたり、はたまた注目業界から優良企業を探してみたりと、方法はさまざまです。こうした会社を調べていくと、いつか**投資が趣味になるほど楽しくなっている**と思います。

ちなみに、ここで紹介した銘柄のうち、私はユニ・チャーム以外には投資しています。ユニ・チャームにもいつか投資したいと思っています。

ここまで読み、個別株に興味を持たれた方は、拙著『資産1・8億円＋年間配当金（手取り）240万円を実現！ おけいどん式「高配当株・増配株」ぐうたら投資大全』（PHP研究所）をお勧めします。高配当株・増配株の銘柄分析方法を詳しく解説しています。加えて、世界の高配当株・増配株などをカタログ形式で100銘柄も分析・紹介しています。

投資をしなければ、生きた学びは得られない

投資のスキルを磨くには、やはり、**実際に投資をしてみる**のがいちばんです。

知識ゼロで現場に出ることはお勧めできませんが、本書を読み終えたら（もしくは投資関連の書籍をさらに2〜3冊読んだら）、まずは少額から始めてみてください。

何冊も本を読み、知識で武装したところで、投資がうまくなるわけではありません。「もっと勉強してから」といつまでも先送りにしていたら、それこそ機会ロスです。損を

していないようで、損しています。

料理がうまくなりたいときに、料理本を100冊読んだりはしないはずです。本を読んで、実際につくってみて、ときに塩加減を間違えたり、ときに焼きすぎて焦がしたりして失敗しながらも、その経験から学ぶことのほうが多いと思います。「鯛もヒラメも食うたものが知る」わけです。

投資でも、ときには失敗をすることもあると思います（本書で紹介するコア投資向けの5つの投資信託であれば失敗の可能性は低いです。とはいえ常に得することはなく、損する期間もあるでしょう。それも経験です）。しかし、それは**大きな学び**になりますし、少額から始めれば大きな損失が出ることはなく、むしろ**コスパのよい勉強代**になるはずです。

実際に投資をしてみると、書籍やセミナーでは得られなかった学びを得られるものです。

たとえば、親世代から「いい会社」と認識されている企業があったとしましょう。名前も知られているし、投資先として、なんとなくよさそうな気もします。

しかし、若いあなたは、**「DXがなかなか進んでいないし、古臭いな」**または**「EXへの取り組みが遅れている」**と感じたとしましょう。若いからこそ持っているこの感覚は、実は、投資先を判断する基準として理にかなっている可能性があります。時代に取り残されていく企業の株価が、将来的に上がるとは考えにくいからです。

逆に、一般的にはまだあまり知られていないけれど、DX（またはEX）をしっかり進めている企業があったとします。親世代は名前も知らないけれど、明らかに**「今っぽい」**。それでいて、営業利益率も優秀だったとしたら、個別株を購入してみてもいいかもしれません。

日本株は、基本的に100株単位での購入になりますが、以前よりは1株単位など「単元未満株」に投資しやすくなりました。米国株なら1株単位で買えます。少額の投資は、あなたの感覚を試すにはぴったりです。

もし、購入した1株～数株が成長を続けていれば買い足せばいいし、株価が下がっていけば売りに出せばいいだけです。どうせなら損をしたと思って、放置して値動きを見て、教材にしてしまってもいいかもしれません。

どちらにせよ、少額の投資では生活が苦しくなるほどの損失は出ないので、安心してください。

投資の基礎を学んだら**一日も早く投資をやってみる！**　投資で大切なことはこれです。

第5章のまとめ

第4章と第5章を通じ、コア・サテライト戦略を網羅しました。まだまだお伝えしたいことはありますが、あまり話しすぎても複雑になってしまうので、いったんはこれらを理解してもらえれば十分です。

ぜひ、コア投資で紹介した5つの投資信託のいずれかから始めてくださ い。それで投資経験を積んだら、サテライト投資でよりリスクを取った投資信託、ETF、個別株を経験してみてください。そして、数年かけて自分の適性を判断してみてください。

適性とは、お金の増え方の結果だけではなく、投資の多くを占めるメンタルも指しています。お金が増えながらも心が穏やかでいられる投資法がベストです。2020年のコロナ・ショックや2022年から2023年のような米国株の軟調相場、または2024年8月初旬のような日本株の急落では、私は配当金（分配金）が心の支えになりました。逆に、配当金（分配金）はいらないから、とにかく価格上昇を狙いたい方もいらっしゃるでしょう。

自分の適性が見えたら、リスク許容度に応じて、コア・サテライトのバランス配分を行ってパフォーマンスを上げていきましょう。

もっとも「私には65歳で5000万円あれば十分！　まだ32歳以下なの

で、年月を味方にして長期投資で5000万円をつくる！」という方は、年率5％で複利運用ができる可能性が高い投資信託1本でけっこうです。つまり「コア投資」だけということですね。

銘柄分析が楽しくなって、かつ結果が残せたなら、個別株をメインとして勝負してもOKです。私は長年、個別株をメインにしてきました。ゆくゆくは、資産額や年齢を考慮して、ETFを増やしていくつもりです。

とにもかくにも、実践を繰り返しながら、自分に合った「負けない投資法」を探してみてください。

column

個別株およびETFにかかる手数料と税金について

投資を実践するにあたり覚えておきたい、個別株およびETFにかかる手数料と税金について触れておきます。なお、投資信託にかかる税金についてはP138、手数料についてはP130でご説明したとおりです。

個別株編

- **手数料**……個別株にかかる手数料は、日本株では売買手数料のみ（ネット証券では日本株の売買手数料を無料にする会社もあります）。外国株では、ほかに為替手数料がかかります（こちらもネット証券では無料にする会社があります）。投資信託およびETFのように、保有することでかかる信託報酬のような手数料はありません。

・**税金**……譲渡益（売却益）および配当金に、各20・315％が課税されます。外国株の場合は、別にその国々でも課税されます（非課税の国もあり）。米国株では配当金に対して、米国で10％が課税されます（外国と日本での二重課税を調整するため、確定申告で「外国税額控除」を申請することにより還付を受けられる場合があります）。

・**納税**……「特定口座・源泉徴収あり」で運用すれば、証券会社が譲渡益に対して税金の計算をして、源泉徴収してくれます。配当金は、特定口座であれ、一般口座であれ、必ず源泉徴収されます。よって、証券会社に口座を開設する折に「特定口座・源泉徴収あり」を選択するだけで、あなたは確定申告する必要はありません。もちろん、NISA口座なら非課税です（ただし、外国の税金は対象外）。

ETF編

・**東証ETFの手数料**……売買手数料と信託報酬がかかります。

・**米国ETFの手数料**……売買手数料、為替手数料、経費率（東証ETFでいう「信託報酬」）がかかります。

- **東証ETFの税金**……譲渡益および分配金に、各20・315％が課税されます。東証ETFで米国株に投資するタイプであれば、ほかに分配金に米国で10％が課税されます。ただし、特定口座で取引する場合は、多くの銘柄で米国と日本での二重課税にならないよう自動で還付される「二重課税調整制度」があります。
- **米国ETFの税金**……譲渡益および分配金に、各20・315％が課税されます。別に、分配金に米国で10％が課税されます。外国税額控除については個別株と同様です。
- **納税**……「特定口座・源泉徴収あり」で運用すれば、証券会社が譲渡益に対して税金の計算をして、源泉徴収してくれます。分配金は、特定口座であれ、一般口座であれ、必ず源泉徴収されます。よって、証券会社に口座を開設する折に「特定口座・源泉徴収あり」を選択するだけで、あなたは確定申告する必要はありません。NISA口座なら、譲渡益に関しては非課税です。分配金に関しては、東証ETFで日本株に投資するタイプは非課税、東証ETFで米国株に投資するタイプは米国で10％課税、米国ETFも米国で10％課税となります。

終章

投資家の一歩を歩み始めたあなたへ

投資は怖くも難しくもない

これまで投資に怖いイメージを持っていたり、なんとなく難しそうな印象を抱いていた方も、本書を読んだことで考え方が180度変わったのではないでしょうか。もう、「うんざり」は消え、前向きな気持ちになられていることと思います。

投資は怖いものでも、難しいものでもありません。基礎的な知識があり、やるべきことを粛々と実践すれば、「負けない投資」ができるようになります。

本書の「コア投資」で紹介した5つの投資信託であれば、投資を始めた瞬間に「市場平均」つまり「平均点」が取れてしまうのです。32歳以下のあなたなら、5000万円までであれば「仕組み化」だけで達成できるポテンシャルが高いです（33歳以上でも投資金額を増やせばOK！）。

インターネットを検索すれば、またはSNSのタイムラインを眺めれば、「誰でも簡単にお金が稼げる」と謳う詐欺まがいの商品がたくさん見つかります。「仮想通貨やFXの自動売買で誰でも儲けられる」という情報も散見されます。

しかし、世の中には、楽して短期で稼げるものなどありません。人間は自分が信じたい情報を信じる生き物なので、「5分でわかる」とか「明日から稼げる」といった、冷静に考えればありえないと理解できる情報も、ときに鵜呑みにしてしまう生き物なのです。

ただ、これだけは言わせてください。正しい投資は、誰にでも、何歳になっても、お金を増やすチャンスがあります。

もちろん、「明日には資産が倍になっている」とか、「100％損をしない」なんてことはありません。少なからずリスクは存在します。「絶対に稼げます」とは言い切りません。含み損を抱える時期もあるでしょう。

ただ、株式投資にはセオリーがあります。第3章で詳しく紹介しましたが、長期・分散・積立のセオリーに則り、ＮＩＳＡやｉＤｅＣｏなどの非課税制度を利用して、正しい金融商品を購入していれば、資産は着実に増えてきました。これを証明しているのは、私でもなく、日本政府でもなく、歴史です。

リーマン・ショックが起きようとも、コロナ・ショックが起きようとも、世界経済は立ち直り成長を続けてきました。特に米国経済は成長力が高く、「金融商品を購入して、保有してさえいれば資産が増える」という状況が実際に起こっています。

繰り返しになりますが、地球の人口が増え続けることや人間が便利さを追求し続けることで、経済は成長し、企業も成長し、株価（価格）は上がっていくでしょう。

私には資産1億8000万円＋年間配当・手取り240万円（2024年見込み）があります。まだまだ働き盛りの47歳で退職して、お金や仕事を気にせずに親の介護に向き合い、物書きとして第二の人生を満喫しています。

それは、「〇〇ショック」が起ころうと退場することなく、投資を続けてきたから。投資の魔法のような力を味方にしてきたからです。

私は、同じ年収でも資産がある人と、資産がない人の違いは、もっと言えば高い年収なのに資産がない人との違いは「投資をしていたか、していなかったか」、その差だと思います。投資を始めるのなら、間違いなく「いま」なのです。

人生の大半はお金で決まる

私は20年以上にわたり投資を続け、資産形成に成功し、退職して自由になる生き方を選びました。

私の毎日に、目覚まし時計は必要ありません（燃やせるゴミの日だけは早起きします）。通勤で満員電車に乗る必要も、上司の顔色を窺って過ごす必要も、取引先の機嫌を取る必要もありません。希望しない仕事を振られることもなく、理不尽な目標（ノルマ）を押し付けられることもありません。最近問題になっているカスハラを受ける不安もありませんし、後輩に指導するとき「これはパワハラと思われないか」というストレスとも無縁です。好きなことを仕事にして、毎日にわくわくしています。

難病を患う父（昔から、心臓病や腫瘍などでいろいろと入院や手術を経験しました）とがんサバイバーの母を介護・見守り、家事もこなしていますが、お金や時間の心配をする必要はありません。平日の昼間に、茶寮で静かに日本茶を味わう、そんな「じぶん時間」を楽しんでいます。

金額の目標は人それぞれですが、それなりの資産を持ち、それなりの配当金が手に入る状態を実現できれば、「人生の打席に立つハードル」が低くなり、自分が望む生活を手に入れられるということです。

やってみたい仕事があれば転職すればいいし、あふれ出る情熱があれば起業すればいいし、ゆっくり余生を楽しみたいなら退職すればいい。どれも挑戦ですが、「失敗しても大丈夫だ」「いくらでもやり直せる」と思えるので、人生を我慢せずにすみます。

人生は、お金がすべてではありません。しかし、人生の多くは、お金で決まります。綺麗事は言いません、正直に申し上げます。

大切なことなので何度も言いますが、「お金の量＝選択肢の数＝人生の豊かさ」です。逆に、「お金がない＝選択肢がない＝幸福度が低い」ということにもなります。

51年間の人生を通じ、お金がどれだけ人生に影響を与えるか、身をもって体感しました。自分の内臓の持病、突然の人事異動で天職からの転落、異動先での高い労働負荷、幾度もあった父の入院・手術、父が難病で要介護5になったこと、母ががんサバイバーになったこと……多くの「まさか」を経験しましたが、選択肢を与えてくれたのは、常にお金でした。

秀でた才能も知識も体力もなく、何者でもない「普通の人」代表である私にできたのですから、みなさんにもできます。

むしろ、新NISAやiDeCoという非課税制度、ネット証券全盛の時代、スマートフォンの発展、優良な投資信託が身近になった……これらが揃ったいまだからこそ、資産形成はしやすくなったと言い切れます。

私はみなさんがうらやましいです。いまの時代、投資は難しくありません。本書で紹介した方法に則れば、いますぐにでも始められます。

失敗するのが怖いなら、この公式を覚えておいてください。人生の充実には、少なからず失敗が必要だと理解できます（とはいえ、私が「コア投資」で紹介した5つの投資信託なら失敗しにくいです）。

人生の充実度＝（目標＋勉強＋行動＋小さな失敗経験＋修正）×継続

おわりに

読者のみなさま、世の中に無数に存在する「投資本」のなかから本書を手に取ってくださり、また最後まで読んでくださり、本当にありがとうございました。

本書は資産形成の楽しさと、投資が持つ魔法のような力をみなさまに知っていただきたく、「ゆとり投資」をキーワードとし、最低限の努力で市場平均もしくはそれを超える結果を出すことを切り口に執筆しました。

「お金の話には、もう、うんざり」と感じていたみなさまが、勇気を出して、一歩前に進まれるお力となれましたら幸いです。

本書を出版するにあたり、お力添えをいただいたみなさまにも深く御礼申し上げます。出版オファーをくださった東洋経済新報社の桑原哲也さん、私の拙い原稿をブラッシュアップしてくださったオバラミツフミさん、素敵な表紙に仕上げてくださったデザイナーのTYPEFACE渡邊民人さん、本文デザイン担当者さん、校閲担当者さん、そのほか多くのみなさま、本当にありがとうございました。

次に、この場を借りて両親の金融教育にも感謝を伝えさせてください。

普通どころか鈍臭い私ですが、両親が株式投資をする姿を見て、また株式を受贈したこともあって、資産形成のために株式投資をするのが当たり前という環境で育ちました。

「配当金が投資の醍醐味」という父の言葉を、今でも胸に抱いて投資しています。

もし「投資なんてギャンブルだからやめなさい」と言われていたら、今の私はいないと思います。本当にありがとう。

子どもの資産形成は、親の金融教育がもろに影響します。みなさまも、本書によって資産形成に成功されましたら、ぜひお子さまにも「ゆとり投資」の考え方を引き継いでください。投資の魔法のような力が次世代、またその次の世代へと受け継がれていくことを望んでおります。

みなさまには、たった一度きりの人生を、少しでも楽に、幸せに生きてほしいと願っています。そのためにも、本書で紹介した「ゆとり投資」を土台とし、ほんのちょっぴり勉強して、さらなる「＋α」をつかみにいきましょう。

本書を通じて、みなさまが素敵な投資ライフを歩まれ、思いどおりに人生をデザインされることを祈っています。本書以外にも4冊の書籍を出版していますし、ブログ「おけいどんの適温生活と投資日記」およびX（旧Twitter: @okeydon）では、日々発信をしております。こちらも参考にしていただけますと幸いです。

それでは、何事にも「適温」でまいりましょう。

【著者紹介】

桶井　道（おけいどん）

個人投資家（投資歴26年）・物書き（単行本5冊出版）。1973年生まれ。

世界の高配当株、増配株、東証ETF、米国ETF、投資信託、リートなど約100銘柄を保有する。いずれへの投資も、時間も労力もなるべく使わない「ゆとりある投資」を実践している。

2020年に資産1億円+年間配当（手取り、以下同）120万円とともに、25年間勤めた会社を退職し、自由になる。2024年には資産1.8億円達成、年間配当240万円（見込み）まで伸ばす。現在は、両親（父は難病で要介護5、母はがんサバイバー）の介護・見守りをしながら、物書きとして第二の人生を満喫中。

著書に『月20万円の不労所得を手に入れる！ おけいどん式ほったらかし米国ETF入門』（宝島社）、『お得な使い方を全然わかっていない投資初心者ですが、NISAって結局どうすればいいのか教えてください！』（すばる舎）、『資産1.8億円+年間配当金（手取り）240万円を実現！ おけいどん式「高配当株・増配株」ぐうたら投資大全』（PHP研究所）などがあり、本書が5冊目の出版である。複数の大手メディアで連載を持つ。X（旧Twitter）アカウント（@okeydon）は、2024年11月現在フォロワー数7.9万人。

普通の人のための投資
いちばん手軽で怖くない「ゆとり投資」入門

2024年12月31日　第1刷発行
2025年 2 月28日　第2刷発行

著　者――桶井　道
発行者――山田徹也
発行所――東洋経済新報社
〒103-8345　東京都中央区日本橋本石町 1-2-1
電話＝東洋経済コールセンター　03(6386)1040
https://toyokeizai.net/

装　丁……………渡邊民人（TYPEFACE）
本文デザイン……森岡菜々（TYPEFACE）
D T P……………キャップス
製　版……………朝日メディアインターナショナル
印　刷……………TOPPANクロレ
編集協力…………オバラミツフミ
編集担当…………桑原哲也

ISBN 978-4-492-73375-2